APPARITIONS

DE

BOULLERET

(CHER)

PROPHÉTIES ET FAITS SURNATURELS

RELATIFS AUX TEMPS PRÉSENTS ET A UN AVENIR PROCHAIN

les plus prodigieux, les plus précis, les plus autorisés de tous ceux qui, de nos jours, ont été communiqués au public ; — d'après des Notes recueillies sur les lieux, sévèrement colligées, et des Témoignages aussi nombreux qu'imposants,

PUBLIÉS PAR

ADRIEN PELADAN

auteur du *Dernier mot des Prophéties*, des *Preuves éclatantes de la Révélation*, de la *Vallée des Lis ou Histoire de la très Sainte Vierge*,

Honoré de plusieurs Brefs pontificaux.

—

PRIX : 1 FR. 25

—

SE TROUVE UNIQUEMENT

Chez M. PELADAN, — rue de la Vierge, 10, — NIMES

—

1883

APPARITIONS DE BOULLERET (Cher)

APPARITIONS

DE

BOULLERET

(CHER)

~~~~~~~~~~~~~~~~~~~

PROPHÉTIES ET FAITS SURNATURELS

RELALIFS AUX TEMPS PRÉSENTS ET A UN AVENIR PROCHAIN

les plus prodigieux, les plus précis, les plus autorisés de tous ceux qui, de nos jours, ont été communiqués au public; — d'après des Notes recueillies sur les lieux, sévèrement colligées, et des Témoignages aussi nombreux qu'imposants,

PUBLIÉS PAR

ADRIEN PELADAN

auteur du *Dernier mot des Prophéties*, des *Preuves éclatantes de la Révélation*, de la *Vallée des Lis ou Histoire de la très Sainte Vierge*,

Honoré de plusieurs Brefs pontificaux.

—

PRIX : 1 FR. 50

—

SE TROUVE UNIQUEMENT

Chez M. PELADAN, — rue de la Vierge, 10, — NIMES

—

1883

AVANT-PROPOS.

Depuis l'année 1875, des faits extraordinaires s'accomplissent à Bou lleret (Cher), dans le diocèse de Bourges, au sujet d'une jeune femme nommée Joséphine Reverdy. Nous avons entrepris d'en écrire l'histoire aussi exacte et aussi complète que possible ; et nous croyons pouvoir nous rendre le témoignage que nous n'avons rien négligé pour atteindre ce but. Nous avons interrogé les témoins oculaires de ces faits. Nous avons recueilli les notes qu'ils avaient écrites eux-mêmes, au fur et à mesure qu'ils les voyaient s'accomplir. Enfin nous avons été assez heureux pour pouvoir nous procurer un certain nombre de lettres écrites par des témoins oculaires à leurs parents et amis, le jour même des événements, pour les leur raconter et leur faire part de leurs impressions. Nous rapporterons ces lettres textuellement, de cette sorte on aura les événements de Boulleret, pour ainsi dire, photographiés au moment même qu'ils s'accomplissaient.

Toutefois, si dans le cours de cette histoire, il nous arrive de qualifier ces faits extraordinaires du nom de miracle ou de révélation, nous déclarons formellement que nous n'entendons point devancer le jugement de notre Mère la sainte Eglise, et que nous nous soumettons pleinement d'avance à ses décisions.

F. M...., le 8 décembre 1882.

CHAPITRE Ier.

Court aperçu sur Joséphine Reverdy. — Sa maladie. —
Sa guérison miraculeuse.

Joséphine Reverdy est née le 13 mai 1854, à la maison appelée communément le Jarrier, à deux kilomètres de la
paroisse de Boulleret (Cher). Ses parents étaient pauvres,
mais bons chrétiens. Son frère, Etienne Reverdy, était employé
comme garde forestier chez M. le marquis de Vogué, et sa
mère s'occupait de son ménage. C'était une femme d'une
grande foi et d'une grande piété, qui mettait tous ses soins à
élever chrétiennement ses enfants. Joséphine correspondit
parfaitement aux leçons et aux exemples de sa pieuse mère.
Aussi, après sa première communion, elle entra dans la
congrégation des Enfants de Marie établie dans sa paroisse.
Elle édifia ses jeunes compagnes par sa foi et son assiduité aux offices de l'église, où on la voyait communier de
temps en temps. Jamais on ne la vit fréquenter soit le bal,
soit les autres amusements mondains, et l'on peut dire
qu'elle ne connaissait d'autre chemin que celui qui conduisait
de sa maison à l'église.

Voici un trait qui donnera une idée de la fermeté et de la
constance de Joséphine dans le zèle et la dévotion envers
Marie, la Reine des vierges dont elle se glorifiait d'être l'enfant. Pendant la guerre de 1870, comme on faisait courir le
bruit ridicule, lancé à dessein, que c'était le clergé qui excitait
cette guerre, les jeunes filles de la congrégation des Enfants
de Marie, voulurent abandonner leurs pieuses réunions;

mais Joséphine les arrêta par son énergie : « Si vous quit-
« tez la congrégation, leur dit-elle, j'y resterai seule. » Cette
résolution dans ces tristes jours n'était-elle pas de l'héroïsme ?

Joséphine avait à peine accompli sa dix-septième année,
que ses parents la marièrent, le 21 juillet 1871, à un honnête
ouvrier de Boulleret, nommé Louis Rimbaud, animé des
sentiments les plus chrétiens, et qui était occupé à travailler,
en qualité de bûcheron, dans les grands bois de M. le marquis de Vogüé.

Cinq mois après son mariage, Joséphine fut atteinte d'une
maladie qui résista pendant trois ans et demi à tous les trai-
tements des médecins. Néanmoins, au bout d'un an de mariage,
elle accoucha heureusement d'une fille qu'elle allaita elle-
même. Lorsqu'elle l'eut sevrée, elle sentit redoubler les douleurs que lui causait habituellement sa maladie. C'était,
disent les médecins, une hémiplégie compliquée d'affections
inflammatoires.

Il y avait déjà dix-huit mois que Joséphine était clouée sur
son lit de douleur, sans pouvoir faire aucun mouvement. Elle
avait tout le côté droit de son corps paralysé ; son œil droit
aussi était complètement fermé, et on le croyait perdu.
Dans cet état, la malade était en proie à des douleurs atroces,
sans pouvoir prendre aucune nourriture. Aussi elle était
d'une maigreur effrayante, qui la faisait ressembler à un
squelette vivant. Mais, au milieu de ses longues et cruelles
souffrances, jamais elle ne fit entendre ni la moindre plainte,
ni le moindre murmure contre la divine Providence. Elle
montrait, au contraire, une patience et une résignation
inaltérable, qui édifiaient tous ceux qui venaient la visiter : « O mon Dieu, dit-elle souvent, puisque vous voulez
que je souffre, que votre sainte volonté soit faite et non pas
la mienne. » Ses anciennes compagnes de la congrégation des

Enfants de Marie allaient souvent la visiter encore plus pour s'édifier elles-mêmes que pour la consoler. Isolée qu'elle était, dans une maison perdue au milieu de grands bois, ses amies, en se rendant auprès d'elle, exprimaient leur admiration en ces termes : « *Allons voir cette fleur des bois.* »

M. Rousseau, curé de la paroisse de Boulleret, partageait aussi l'admiration générale sur la piété de la malade, sur sa douceur et son inaltérable résignation. Il la visitait de temps en temps, et lui apportait la sainte communion, qu'elle recevait avec une ferveur tout angélique.

Durant le mois de juillet de l'année 1875, Joséphine, de concert avec quelques personnes pieuses, fit une neuvaine de prières à Notre-Dame de Lourdes, dans le but d'obtenir sa guérison, si tel était le bon plaisir de Dieu. Le neuvième jour, au moment où elle allait recevoir la sainte communion, les assistants furent fort étonnés de lui voir faire le signe de la croix avec son bras droit paralysé. On eut un moment d'espoir, mais le lendemain, les douleurs accoutumées reparurent avec la même intensité. Une personne eut la pensée de suspendre au cou de la malade des reliques des victimes qu'on appelait les martyrs de la Commune, mais sans obtenir aucun résultat.

La malade cependant ne se décourageait point, et elle continuait à prier la très Sainte Vierge pour obtenir sa guérison. Mais bien loin de diminuer, la maladie, au contraire, semblait empirer de jour en jour ; car, à partir de cette époque, il ne fut plus possible d'adresser la parole à Joséphine sans exciter en elle des crises et des syncopes effrayantes, à chacune desquelles on croyait qu'elle allait rendre le dernier soupir. Les médecins, désespérant de pouvoir la guérir, l'avaient abandonnée ou ne la visitaient que rarement, plutôt pour s'informer de son état que pour lui prescrire des remèdes, déclarant que tout leur art était impuissant dans une maladie si extraordinaire. M. le docteur Manceau, qui a donné ses soins à Joséphine et a suivi cette maladie dans toutes ses phases, en a fait un rapport détaillé qui se trouve entre les mains de l'autorité diocésaine.

Joséphine était alors dans sa vingt-deuxième année, et elle souffrait depuis trois ans et demi, sans aucun espoir de guérison. Or, le 11 décembre de cette même année 1875, se sentant à la dernière extrémité, elle fit à Dieu, cette prière : « Mon Dieu, puisque vous ne jugez pas à propos de me gué-
» rir ; puisque la Sainte Vierge ne daigne point intervenir
» pour ma guérison pas plus que les martyrs dont je porte
» les reliques, faites-moi souffrir tant que vous voudrez, je ne
» me plaindrai jamais ! ! »

Au même instant, raconte Joséphine, se présente devant mes yeux une apparition céleste, visible seulement jusqu'à la ceinture, son visage est d'une beauté ravissante. Au-dessus des yeux, qui sont d'une grande pureté, je lis ces mots :

» *Amour et humilité !* »

Sur les lèvres :

« *Aie confiance en Dieu et la Sainte Vierge, ta gué-*
» *rison te sera accordée* ».

Entre les bras qui s'entr'ouvrent :

» *Suis-moi, je mène au ciel.* »

La vision disparaît, et aussitôt la malade sent courir un frissonnement dans toute la partie droite de son corps qui était paralysée ; elle est comme frappée au côté droit ; son œil éteint voit la lumière du jour, son bras remue, sa jambe fait quelques mouvements... Elle appelle sa mère.

— Maman, si je vous disais que dans une heure je serai guérie et levée ?

La mère, qui déjà s'occupait à faire les préparatifs de la dernière heure, répond : tu es mourante mon enfant, ce serait un grand miracle.

— Tu n'auras pas ce bonheur, ajoute sa belle-sœur.

— Eh bien ! ça ne sera pas dans une heure, c'est tout de suite !

Et sans attendre qu'on lui donne ses vêtements, Joséphine descend de son lit et se jette dans les bras de sa mère. La pauvre mère croyant assister à la crise de la mort, se met à pleurer et appelle à son aide deux jeunes ouvrières qui se tenaient assises dans l'embrasure de la fenêtre. Mais celles-ci au lieu de porter secours à la mère, s'enfuient épouvantées. La malade alors les arrête, les rassure et déclare d'une voix ferme qu'elle est guérie. En même temps, s'appuyant sur le bras de sa mère, elle s'approche du foyer, tandis que sa belle-sœur, en pleurant de joie, lui passait les vêtements. Elle reste deux heures levée, prend dans cet intervalle deux tasses de bouillon et raconte son bonheur avec une assurance de gestes et une volubilité d'expressions qui étonnent d'abord, puis ravissent et font pleurer de joie tous les témoins de cette scène extraordinaire.

La guérison eut lieu vers les dix heures du matin. Aussitôt on alla en informer M. le Curé de la paroisse, qui arriva vers les cinq heures du soir chez la malade. Celle-ci était dans son lit. En voyant M. le Curé, elle lui tendit la main naguère paralysée, et lui dit : « Voyez, Monsieur le Curé, je suis guérie. » Vous serez mon médecin. Je n'ai plus qu'à remercier le bon » Dieu, qui me rend la santé par l'intercession de la Sainte » Vierge. La première fois que vous reviendrez, ajouta-t-elle » avec une joie toute enfantine, je marcherai seule ; la seconde » fois, je courrai ; et le jour de Noël, dans quinze jours, j'irai » communier, pour mon jubilé, à la grand'messe, sans osten- » tation ni vanité, mais uniquement pour remercier Dieu et » montrer aux plus incrédules que c'est bien lui qui m'a » guérie. »

La guérison de Joséphine était complète, et le rétablissement de ses forces suivit la marche rapide annoncée par elle, le 11 décembre. Le jour de Noël, en effet, elle se rendit à l'église pour assister à la grand'messe et faire la sainte communion, en présence de tout le peuple. Chacun, en la voyant, croyait voir une ressuscitée : on était ému, attendri ; on criait au miracle. Aussi, au sortir de la messe, on voulait encore la voir, lui prendre les mains, lui parler..... Ce ne fut qu'à travers un murmure de joie et de félicitations qu'elle put traverser la foule pour se rendre à la maison des Sœurs. Le soir, après avoir assisté aux vêpres, elle s'en retourna très alerte dans sa maison, où elle chanta en famille des noëls jusqu'à dix heures du soir.

CHAPITRE II

Apparitions merveilleuses. — Prédiction de nouvelles souffrances.

Joséphine se félicitait, dans la prière et le recueillement, de sa guérison inattendue, qu'elle attribuait à l'intercession de la Sainte Vierge, lorsque, le 16 mars 1876, l'apparition du 11 décembre vint lui annoncer que ses souffrances étaient loin d'être terminées.

Vers les sept heures du matin, tandis qu'elle faisait ses préparatifs pour aller assister à la messe, tout à coup elle se vit arrêtée à l'entrée de sa chambre par une merveilleuse apparition. Comme le 11 décembre, l'apparition n'était visible que jusqu'à la ceinture ; son visage, ses yeux, sa bouche étaient d'une admirable beauté. Ses regards étaient fixés vers le ciel ;

ses bras étendus comme la première fois ; elle était revêtue
d'un voile blanc mêlé de noir ; ses manches étaient blanches
et un peu plus larges qus les manches ordinaires. Elle parle à
Joséphine d'une voix pure, claire et belle, et lui fait entendre
ces paroles :

« Reçois les grâces que Dieu t'accorde avec reconnaissance
» et remercîments. Il te bénit selon ton mérite ; parfois tes
» prières sont moins ferventes et peu dignes d'être présentées
» à Dieu. Ta guérison est à peu près complète, mais elle ne
» sera jamais bien fondée ni parfaite. Souffre avec patience et
» résignation. Sois humble, douce, modeste et docile. Prie
» pour les incrédules ; suis mes conseils jusqu'à ta dernière
» heure. Adieu, chère enfant. »

Quand la vision eut disparu, Joséphine, très affligée des reproches qu'elle en avait reçus, se mit à pleurer et alla tout
raconter à sa mère. Elle se rendit ensuite à l'église pour
assister à la messe. Pendant tout le temps que dura le saint
sacrifice, les assistants furent particulièrement frappés de son
maintien pénétré et recueilli.

Le lendemain 17 mars, l'apparition se montra de nouveau
à Joséphine, au même endroit et à la même heure que la
veille. Elle avait aussi le même vêtement et la même attitude.
Visible seulement jusqu'à la ceinture, elle avait les bras étendus et les regards fixés au ciel. Elle lui dit :

« Je suis Celle qui t'a dirigée, digne enfant de Marie. *Dieu*
» *veut te faire la victime de cette paroisse pour la conver-*
» *sion des pécheurs*. Tes souffrances sont loin d'être termi-
» nées ! Au ciel, ma patrie ! »

C'était la troisième apparition qu'avait Joséphine, en comp-
tant celle du 11 décembre pour la première. Elle alla tout
raconter devant plusieurs témoins à M. le Curé, son confesseur.
Celui-ci, quoique incliné à croire intérieurement, jugea prudent

et sage de lui montrer de la défiance et du doute sur ce qu'elle disait. Joséphine, sans s'émouvoir, lui répondit : « Est-ce que » moi, pauvre paysanne, je saurais parler comme ça ? Où donc » aurai-je appris ce langage, ces paroles d'encouragement, » puis de reproche ?... Pourquoi inventerais-je cette annonce » de souffrances pour l'avenir, moi qui étais si heureuse et si » reconnaissante de ma guérison ? Lorsque le bon Dieu per- » mettra que je sois victime, on verra bien si j'ai inventé. » Vous, Monsieur le Curé, qui refusez de croire, je ne sais pas » quand vous mourrez..., mais si vous ne voulez pas croire » sur la terre, vous serez obligé de croire au ciel.»

Cependant, l'annonce des souffrances qu'elle devait endurer ne laissait pas que d'impressionner tristement Joséphine ; elle pleurait cette santé qu'elle avait reçue miraculeusement et qu'elle devait perdre bientôt. Elle était résignée néanmoins, car, s'adressant de nouveau à M. le Curé, elle lui dit : « S'il » faut souffrir, je ne me plaindrai pas. Demain je me confesse; » dimanche, fête de S. Joseph, je communie ; je serai plus » disposée à faire la volonté de Dieu.»

La mère de Joséphine, de son côté, était admirable par sa résignation. C'est bien la femme forte et choisie de Dieu pour rester près d'une victime. « Je l'ai soignée, disait-elle, lorsque » j'ignorais pourquoi elle souffrait tant ; je la soignerai avec » plus de courage, maintenant que je sais pourquoi elle doit » souffrir.»

Le 23 mars, M. le Curé alla voir Joséphine. Elle était moins triste et moins préoccupée que les jours précédents. Depuis le 20, elle n'avait rien mangé, et elle vomissait tout ce qu'elle prenait. Son âme était tranquille; elle parlait avec calme. On voyait que l'imagination n'était pour rien dans les explications qu'elle donnait sur les deux dernières apparitions. Elle avouait avoir mérité les reproches de la Sainte Vierge. Aussi, dès ce jour, elle s'appliqua à être « douce, humble, modeste, docile et plus fervente dans ses prières.» Pour en donner la preuve, elle s'engagea à ne plus porter certains ornements de toilette, à ne répondre que par la douceur et la patience aux objections qni lui seraient faites contre sa guérison miraculeuse et à ne jamais se plaindre lorsqu'il plairait à Dieu de lui envoyer des souffrances.

CHAPITRE III

4ᵉ Apparition. — Prédiction de nouvelles souffrances.

Le 24 mars, vers les trois heures du soir, Joséphine se retire dans sa chambre pour prier et se préparer à la communion, qu'elle désire faire le lendemain, jour de la fête de l'Annonciation. Elle est un peu inquiète de savoir si elle pourra faire cette communion, car elle a déjà vomi cinq fois depuis le matin. Les vomissements ne la reprendront-ils pas le lendemain ? Elle demande à Dieu la grâce de pouvoir s'approcher de la table sainte. Elle priait ainsi depuis un quart d'heure, quand tout à coup l'apparition se montra à elle. Elle n'est encore visible que jusqu'à la ceinture ; son visage est très beau ; elle paraît avoir les traits d'une femme de trente ans. Ses mains sont jointes, ses regards fixés sur Joséphine. Elle lui dit :

« Dieu t'accorde cette grâce en l'honneur de la très Sainte
» Vierge. Prie et veille sur toi. Tes vomissements continueront
» les deux semaines prochaines entières et tous les samedis de
» chaque semaine pendant un an. Ne t'inquiètes plus, et sois
» prudente.»

Le lendemain, en effet, Joséphine fut préservée de ses vomissements et elle put communier. Après la messe, elle put manger et elle ne ressentit pas la moindre souffrance de toute la journée. Mais le lendemain, dimanche, premier jour des *deux semaines entières* de vomissements, elle vomit plusieurs fois le matin et dans l'intervalle des offices. Après les vêpres, elle se plaignit de violentes douleurs à l'estomac, et puis elle vomit, devant plusieurs témoins, pendant trois heures jusqu'au sang. Les jours suivants les vomissements continuèrent avec la même intensité. Se renouvelant de 15 à 20 fois par heure. Elle vomissait souvent jusqu'à un demi-litre de sang en une seule fois. Joséphine souffrait dans l'estomac et dans la tête des douleurs intolérables ; néanmoins elle avait toujours le sourire de la paix et de la résignation sur les lèvres, et elle ne répondait que par les paroles les plus douces et les plus charmantes aux nombreux visiteurs qui venaient autant pour s'édifier du spectacle de sa patience que pour lui témoigner de la compassion. Dans les moments libres que lui laissaient les vomissements, elle récitait son chapelet, ou bien elle lisait dans son livre de prières, Ainsi s'écoulèrent ces quinze jours de cruelles souffrances.

Chose étonnante, malgré l'insomnie, la privation complète de nourriture, les douleurs et les vomissements pénibles et incessants, le visage de Joséphine respirait la fraîcheur et la jeunesse, et son regard était remarquablement doux et beau. Ce spectacle merveilleux opéra des conversions et porta bien des cœurs vers Dieu.

Le samedi, veille du dimanche des Rameaux, et dernier jour des « deux semaines entières de vomissements » les deux frères de la victime vont frapper à la porte du presbytère, vers les 9 heures du soir. — M. le Curé, disent-ils, il y a plusieurs années que nous n'avons pas fait nos Pâques, nous venons nous confesser.

— Et votre sœur ?

— Elle est mourante !... Quatre hommes qui se trouvent encore à la maison et qui sont venus la voir par curiosité, prétendent qu'elle ne passera pas la nuit. A partir d'hier deux 2 heures de l'après-midi, nous avons compté 140 vomissements.

— Et vous, qu'est-ce que vous en pensez ?

— Nous croyons avec elle qu'à minuit tout sera fini, et que demain elle sera à la terre.

En effet, les quinze jours de vomissements prédits par l'apparition finissaient à minuit, et à minuit précis cessaient réellement les vomissements. La prédiction était accomplie à la lettre. A partir de minuit Joséphine s'endormit d'un profond sommeil jusqu'à cinq heures du matin. Elle se leva, prit un bouillon et alla ensuite assister à la grand'messe comme si elle n'eût jamais été malade. Ainsi que nous l'avons dit, c'était le dimanche des Rameaux. Pendant le chant de la Passion, Joséphine resta, à la grande surprise de tout le monde, presque seule debout lisant dans son paroissien.

L'apparition lui avait prédit, le 24 mars, qu'elle vomirait pendant deux semaines entières et puis tous les samedis pendant un an. La première partie de cette prédiction était accomplie ; restait la seconde. Or, cette seconde partie s'accomplit aussi à la lettre comme la première.

Joséphine assista à tous les offices de la semaines sainte jusqu'au vendredi saint inclusivement. Le lendemain, samedi saint, c'était le premier des 52 samedis de l'année pendant lesquels elle devait vomir. Les vomissements la reprirent en effet, ce jour là, avec de grandes souffances, et se renouvelèrent régulièrement tous les samedis pendant un an. Ils commençaient tous les samedis matin à la même heure, c'est-à-dire à minuit, et finissaient également les samedis soir à la même heure avec la plus exacte précisoin, comme pourraient l'attester des centaines de témoins.

En effet, au commencement du mois de septembre 1876, on organisa pour Lourdes un pèlerinage Sancerrois dont Joséphine fit partie. Or, tous les pèlerins pourraient attester que la voyante, très gaie et assez bien portante le vendredi 8 septembre jusqu'à minuit, fut prise, à cette heure en pleine marche du train, de douleurs soudaines suivies aussitôt de vomissements de sang qui durèrent presque sans interruption, le reste de la nuit et toute la journée du samedi.

Trois ou quatre pèlerins, d'abord incrédules et moqueurs, la voyant dans cet état de vives et continuelles souffrances, vinrent très émus lui faire leurs excuses et lui offrir tout ce qui pouvait la soulager.

Parmi les médecins appelés à constater ce phénomène étrange des vomissements de sang, tous les samedis et rien que les samedis, les uns, comme le docteur Manseau, de Léré, concluaient au surnaturel, déclarant que c'était naturellement inexplicable. Les autres, tout en proclamant la droiture et la bonne foi de Joséphine, promettaient d'aller voir par eux-mêmes, mais n'y allaient point. Ils disaient que la médecine ne se chargeait point de tout expliquer ; qu'en définitive Dieu est Tout-Puissant. Mais on refusait d'aller observer de peur d'être obligés de reconnaître le surnaturel. C'est ce que déclara formellement un des médecins les plus célèbres dans le pays. Comme on lui demandait pourquoi il ne se rendait pas à l'invitation qui lui avait été faite d'aller examiner les faits du Jarrier, il répondit en riant : « Que penseraient de moi mes amis, si un diable comme moi allait découvrir là-bas du surnaturel ? »

Mais le public *chrétien* avait moins peur que les hommes de la science de découvrir *là-bas* du surnaturel. Depuis le 11 décembre 1875, il observait, il réfléchissait et il demeurait convaincu que l'enchaînement des faits du Jarrier et surtout la précision avec laquelle s'accomplissaient les prédictions des vomissements, supposaient l'intervention directe de la puissance divine. A la fête de Noël 1875, et surtout à la fête de Pâques de l'année 1876, cette conviction s'affirma par des aveux touchants et par des conversions inespérées.

Cependant, il faut le dire, dans le courant de l'année pendant laquelle Joséphine vomissait tous les samedis, la plupart de ceux qu'avait d'abord frappés cet étrange phénomène finirent par s'y habituer. Bientôt, soit par crainte de croire, soit par ennui d'être témoin à époques fixes de souffrances qui étaient naturellement inexplicables, toute la paroisse s'éloigna de la patiente, sauf un petit nombre de personnes qui lui restèrent toujours fidèles. On n'attacha plus d'importance aux faits du Jarrier. L'incrédulité en profita pour répandre sur le fait des vomissements de sang de tous les samedis les inventions les plus impertinentes et les plus incrédules. A ceux qui les débitaient ne pourrait-on pas appliquer, avec raison, cette parole de l'apôtre S. Pierre : *Velut irrationabilia pecora...* *in his quœ ignorant blasphemantes:* « Etres sans raison, qui trouvent dans leur ignorance le motif et la mesure de leurs blasphèmes ? » (2, Petr., 2, 12.) On alla jusqu'à persécuter la pauvre victime ; on censurait ses moindres démarches, on lui reprochait même son assiduité à la sainte messe, à la sainte table. Pouvant à peine se soutenir, se traînant pour accomplir ses devoirs de piété, elle s'entendait qualifier de *coureuse*, de *fainéante*, de *folle*, de *comédienne* et d'*hypocrite*. Aussi, quand elle arrivait au bourg avec sa mère, ayant parcouru les deux kilomètres qui la séparaient de l'église, harassée de fatigue, elle en était à se demander dans quelle maison elle pourrait entrer pour se reposer. C'est ainsi que Joséphine commençait à porter le caractère distinctif de toutes les âmes qui ont été favorisées des dons célestes : la persécution.

Son mari, dont la conduite dans ces évènements est admirable, eut plus d'une fois à supporter les railleries de ses égaux, et les malicieuses réflexions des bourgeois de la localité. Quelques-uns de ses parents mêmes, se laissant prendre aux plaisanteries et aux sarcarmes débités sur le compte de Joséphine, se tournèrent contre elle et l'abandonnèrent en la maltraitant par leurs paroles et leurs reproches.

C'est ainsi que, ridiculisée par le plus grand nombre, et abandonnée de ceux-là mêmes qui d'abord l'avaient admirée, recherchée et accueillie avec une grande joie, Joséphine arriva, le 7 avril 1877, au 52e samedi qui terminait l'année des vomissements que l'apparition lui avait prédits, le 24 mars 1876. Mais si les hommes l'abandonnaient, la Sainte Vierge ne l'abandonnait point, comme nous le verrons dans le chapitre suivant.

CHAPITRE IV.

5e Apparition : Prédiction de souffrances, Premier secret. — 6e Apparition : Exhortation à la souffrance. — 7e Apparition : Deuxième secret.

Comme nous l'avons dit, le 7 avril, qui était le jour du 52e samedi, Joséphine avait eu ses vomissements de sang, et elle croyait qu'ils étaient finis pour toujours. Elle se trompait. En effet, deux jours après, le 9 avril 1877 (1), vers huit heures

---

(1) On célébrait ce jour-là la fête de l'Annonciation, car cette fête tombant, cette année, dans la semaine sainte, avait été renvoyée au 9 avril.

du matin, comme elle était à genoux pour faire sa prière, tout à coup la Sainte Vierge (1) se montra à elle dans toute sa grandeur. Dans les quatre apparitions précédentes, elle n'avait été visible que jusqu'à la ceinture ; mais, dans cette cinquième, elle lui apparut dans toute sa taille : c'est ainsi qu'elle lui apparaîtra toujours dans la suite. Elle était revêtue d'une robe et d'un voile blancs sur un fond noir. S'adressant à Joséphine, elle lui dit :

« Mon enfant, tes vomissements sont terminés, mais ce ne
» sera pas d'une longue durée, car tu dois encore souffrir !
» Ils reprendront leur cours le 9 septembre prochain, tous les
» jours de la semaine, à l'exception des samedis, qui seront
» réservés en l'honneur de la Sainte Vierge, et ils se termine-
» ront le 7 décembre, veille de l'Immaculée Conception. Et
» ces vomissements n'auront lieu en partie que le jour et non
» la nuit. »

Joséphine dit : « Qui êtes-vous et que me voulez-vous ? »
L'apparition reprit :

« Il n'est pas nécessaire, ma fille, que tu saches qui je suis
» pour suivre mes conseils ; mais d'après ce qui se passe, tu
» ne dois pas en douter. Je veux tout simplement que tu pries
» et souffres avec patience pour la conversion des pécheurs. »

L'apparition ajoute ici d'autres paroles qui concernent Joséphine personnellement. Elles forment ce que nous appellerons le premier secret. Quoique la Sainte Vierge lui ait dit de le garder pour elle, elle ne lui a pas défendu de le publier, si cela ne lui répugnait pas trop ; puisque cette manifestation devait l'humilier. Joséphine n'a pas reculé devant cette

---

(1) Pour mettre plus de clarté dans le récit, et sans prétendre nullement préjuger la question ; nous dirons désormais *la Sainte Vierge* au lieu de dire *l'Apparition*.

humiliation, et nous a autorisé à faire connaitre, ici, la faute que la Reine des vierges lui reproche. Elle n'est pas des plus graves, mais elle l'était assez pour faire un péché mortel. C'était un embrassement immodeste qu'elle avait permis à celui qui était déjà son fiancé, et qui, dans quelques jours, allait devenir son époux. Nous n'hésitons pas à manifester cette faute, objet des reproches de la Sainte Vierge, afin d'en inspirer de l'horreur à ceux qui se permettent de pareilles familliarités, qu'ils traitent de fautes légères, mais que la Sainte Vierge déclare être des fautes graves aux yeux de Dieu. Voici donc les paroles qu'elle ajouta :

« Voici pourquoi je te prive du bonheur de te faire connaî-
» tre mon nom en ce monde : il faut être bien pur, et tu sais
» que tu n'as pas toujours eu une conduite très régulière
» dans la jeunesse, avant ton mariage. Cela te concerne person-
» nellement, tu en garderas le secret. Tu communieras le
» samedi ou lieu du vendredi, mais pas avant l'autorisation
» de ton confesseur ; sois prudente jusqu'à ce qu'il te donne
» cette permission, car il te la donnera sans que tu la lui
» demandes. »

Il est à remarquer que, jusque-là, Joséphine se confessait et communiait le vendredi de chaque semaine, pour se préparer par là aux souffrances du samedi. Or, le vendredi suivant, son confesseur eut de lui-même la pensée de changer son jour de communion et lui dit de communier désormais tous les samedis en l'honneur de la Sainte Vierge. Ce ne fut qu'alors que Joséphine lui fit connaître l'apparition qu'elle avait eue le 9 avril.

Le confesseur, frappé de la prédiction de vomissements que cette nouvelle apparition renfermait, en homme prudent et sage, ordonna à Joséphine de la lui dicter dans la sacristie, devant plusieurs témoins, afin que l'on pût constater la prédic-

tion au temps voulu. Les vomissements de sang avaient complètement cessé, et ils ne devaient reparaître que cinq mois
plus tard, avec cette circonstance remarquable qu'ils auraient
lieu tous les jours, pendant trois mois, excepté les samedis,
depuis le 9 septembre jusqu'au 7 décembre inclusivement ; et
de plus, ils ne devaient avoir lieu en partie que le jour et non
la nuit. Une prédiction si circonstanciée et si précise, aurait
dû, ce semble, frapper tous les esprits et les ramener vers
Joséphine. Ce fut tout le contraire qui arriva ! Lorsqu'on vint
à savoir qu'elle devait encore souffrir depuis le 9 septembre
jusqu'au 7 décembre, on ne fit qu'en rire. A part quelques
âmes pieuses et discrètes qui la comprenaient, la foule conti-
nua de la tourner en ridicule, d'incriminer ses meilleures
actions, et de dire qu'elle jouait la comédie. Dans les desseins
de Dieu, ces mépris et ces injures faisaient sans doute partie
de son rôle de victime pour les pécheurs. Aussi elle les sup-
portait toujours sans s'émouvoir et même avec une véritable
joie, se rappelant Celui qui, pour nous a été saturé d'oppro-
bres et traité comme la lie du peuple, selon la parole du pro-
phète : *Factus sum opprobrium hominum et abjectio plebis.*
(Ps. XXI, v. 6).

Les cinq mois étaient écoulés, et l'heure de la souffrance
physique approchait. La Sainte Vierge voulut y préparer sa
fille en la favorisant d'une nouvelle apparition. Le 7 septembre,
à trois heures du soir, Joséphine étant dans sa chambre, tout
à coup l'apparition se montre à elle, vêtue d'une robe plus
blanche qu'à l'ordinaire. Elle porte sur sa poitrine un cœur
rouge transpercé de sept flèches. Elle pleure et lui dit :

« Courage ! courage ! mon enfant, courage ! Ne perdons
» pas courage !... Oui, c'est dimanche que tu dois rentrer
» dans un état de grandes souffrances et de pénitence ! Ne te
» plains pas de ce que tu ressens, car si tu sais bien souffrir,

» Dieu saura bien te récompenser. Quelquefois je t'entends
» prononcer ces paroles de désespoir : Qu'ai-je donc fait, mon
» Dieu, pour tant souffrir.»

A ce moment la Sainte Vierge montre son cœur de ses
deux mains et poursuit :

« Vois mon pauvre cœur percé de sept flèches et navré
» de douleurs ! Qu'a-t-il donc fait pour tant souffrir et être
» tant offensé ? Ce sont vos péchés si souvent renouvelés qui
» me causent ces souffrances, et cependant je ne me lasse
» pas de souffrir pour vous ! »

« Voici pourquoi : Dieu te choisit ce genre de souffrances ;
» c'est pour faire comprendre à nos pauvres enfants pé-
» cheurs, ingrats et endurcis que s'ils ne se convertissent pas,
» ils paraîtront devant Dieu au jour de leur jugement, mais
» qu'il ne les recevra pas plus dans le ciel, qu'il n'est pos-
» sible à ton estomac de digérer un verre d'eau, les jours
» que je te prédis. »

« Prions et souffrons bien pour cette pauvre France, car
» il est sûr que si elle ne cesse pas tous ses scandales envers
» Dieu, il lui enverra de grandes malédictions. »

Le lendemain 8 septembre, fête de la Nativité de la Sainte
Vierge, nouvelle apparition. A sept heures et demi du matin,
Joséphine prenait dans sa chambre son livre et son voile de
communion pour aller communier à la messe. Tout à coup
la Sainte Vierge se montre à elle à la même place que la
veille. Cette fois, elle ne porte pas de *cœur* sur sa poitrine.
Elle est souriante, elle fixe Joséphine. Son front est élevé,
ses lèvres sont vermeilles, ses yeux gris-bleus, sa voix est
très douce, son teint blanc rose ; voile blanc tombant derrière
les épaules ; les cheveux sont invisibles. Elle s'exprime ainsi :

« Mon enfant, ne te laisse pas aller au désespoir. Pour-
» quoi te troubler ainsi ? Je ne te demande pas plus que

» tu ne peux faire ; ne te préoccupes pas de tout ce que le
» monde peut dire ; suis mes conseils, tu seras heureuse. Je
« vais te confier un secret.... »

Le secret qui fut donné ici à Joséphine est une nouvelle
preuve de la vérite des apparitions de la Sainte Vierge ;
mais nous ne pouvons pas le publier pour le moment. Nous
le ferons connaître en son entier dans la prochaine édition
de cette histoire. Le public ne perdra rien pour attendre,
car nous voulons faire connaître toutes les paroles de la
Reine du Ciel sans y changer une seule syllabe.

CHAPITRE V.

Trois [mois de souffrances. — 8ᵉ, 9ᵉ, 10ᵉ et 11ᵉ apparition ; troisième secret.

Le 9 avril 1877, la Sainte Vierge avait dit à Joséphine :
« Mon enfant, les vomissements sont terminés, mais ce ne
» sera pas de longue durée, car tu dois encore souffrir. Ils
» reprendront leur cours le 9 septembre prochain, tous les
» jours de la semaine, à l'exception des samedis qui seront
» réservés en l'honneur de la Sainte Vierge et ils se termi-
» neront le 7 décembre, veille de l'Immaculée Conception. Et
» ces vomissements n'auront lieu en partie que le jour et non
» durant la nuit. »

Voilà la prédiction : nous allons voir avec quelle précision
elle s'accomplit. Nous allons assister à un phénomène des
plus extraordinaires ; Joséphine endurera un vrai martyre de

**

trois mois, pendant lesquels elle vomira le sang jusqu'à 90 fois par jour, à l'exception des samedis, et *sans prendre aucune nourriture ;* et néanmoins, après ces trois mois, elle aura la force de marcher, de chanter, et de faire à pied deux kilomètres pour se rendre à la messe. Mais n'anticipons point sur les faits.

Le 9 septembre, qui était un dimanche, jour où la Sainte Vierge avait prédit, le 9 avril, que les vomissements recommenceraient, dès cinq heures du matin, Joséphine fut prise, en effet, de vomissements de sang et de souffrances plus cruelles encore que toutes celles qu'elle avait endurées jusque-là. Cet état de vives et incessantes douleurs persista jusqu'à *l'Angelus* du soir ; les crises de vomissements se renouvelèrent environ 90 fois pendant cette première journée et s'arrêtèrent à l'entrée de la nuit. Le lendemain les vomissements de sang recommencèrent le matin et finirent le soir aux mêmes heures que la veille. Il en fut de même tous les jours de la semaine jusqu'au samedi exclusivement. Ce jour-là, comme la Sainte Vierge l'avait prédit, les souffrances et les vomissements cessèrent ; mais Joséphine ne put, malgré son ardent désir, aller à l'église pour satisfaire sa dévotion. Elle était affaiblie et brisée au point d'être incapable de soulever sa tête de son oreiller. Pour la journée, elle se contenta de trois légers bols de bouillon aux herbes. Ce fut là toute la nourriture qu'elle prit durant cette première semaine, son estomac ne pouvait digérer les quelques cuillerées d'eau qu'elle prenait de temps en temps, les jours de souffrances, pour éteindre la soif brûlante que lui causaient ses continuels vomissements.

La semaine suivante, le dimanche matin, vers les cinq heures, les vomissements de sang recommencèrent et finirent le soir, à *l'Angelus*. Il en fut de même tous les jours suivants

comme pendant la semaine précédente. Les vomissemeuts re-
commençaient tous les matins et finissaient tous les soirs aux
mêmes heures. Ils s'arrêtaient les samedis. Il en fut ainsi durant les trois mois prédits jusqu'à la veille de l'Immaculée
Conception. Il est facile maintenant de comprendre pourquoi
l'Apparition avait dit : « Ces vomissements n'auront lieu *en
» partie* que le jour. » C'est que lorsqu'ils commençaient à
cinq heures du matin, il ne faisait pas encore jour et par conséquent ils avaient lieu *en partie* durant la nuit.

Les samedis, quoiqu'elle ne vomît point, elle ne pouvait
néanmoins prendre aucune nourriture. Nous avons, à ce sujet,
le témoignage de la victime elle-même, consigné dans une
lettre qu'elle écrivait à son frère, résidant à Bourges, le 28 septembre. Voici cette lettre :

« MON CHER FRÈRE,

» Je suis bien faible en ce moment, car depuis trois semai-
» nes que je suis dans des vomissements affreux, sans rien
» prendre autre chose que de l'eau, vous devez juger quelle
» est ma position, malgré que je ne vomisse pas la nuit, ni les
» samedis. Voilà ma position du samedi : Je ne vomis pas et ne
» ressens aucun mal de cœur. Seulement, j'ai tant d'inflam-
» mation, qu'il m'est impossible de prendre aucune nourri-
» riture, et du reste je n'essaie même pas. Mais, malgré que je
» ne vomis pas, il m'est impossible de me lever plus de vingt
» minutes, parce que je suis trop faible et que j'ai les mem-
» bres brisés.

» Joséphine REVERDY. »

Parfois les douleurs et les crises prolongées semblaient mettre la pauvre victime à deux doigts de sa mort, et elle tombait
presque sans connaissance. D'autres fois, les souffrances aiguës

lui arrachaient des plaintes aussitôt réprimées, et dont elle demandait pardon à ceux qui l'entouraient. Mais lorsque les vomissements lui laissaient un peu de calme, elle parlait avec le sourire sur les lèvres, à ceux qui venaient la visiter. Le nombre en était d'ailleurs fort atteint. A peine trente ou quarante personnes pieuses, soit de la paroisse, soit des environs, venaient directement la visiter, la consoler, l'encourager et prier avec elle. Son langage, sa patience angélique les édifiaient et souvent les touchaient jusqu'aux larmes.

Quant au public, il n'avait appris qu'avec indifférence les nouvelles souffrances de Joséphine. Toutefois, si l'on ne s'empressait point de venir la voir pour contrôler l'accomplissement de la prédiction qui en avait été faite, du moins on avait cessé de plaisanter à son sujet. On attendait le résultat de ces faits étonnants et incompréhensibles. Les uns les attribuaient au démon ; mais d'autres leur répondaient judicieusement : « Si c'est le démon qui cause ces vomissements, pourquoi donc cette prédiction pour le samedi, qui est le jour consacré à la Sainte Vierge ?» En effet, nous avons vu qu'elle a vomi d'abord pendant un an, rien que les samedis ; et maintenant elle vomit tous les jours, excepté les samedis, et elle doit cesser de vomir, d'après la prédiction, la veille de la fête de l'Immaculée Conception, pour qu'elle puisse célébrer cette fête. Ils en concluaient que c'était la Sainte Vierge qui lui était apparue, et lui avait prédit ces vomissements. Ainsi pensaient également les esprits sérieux.

Un jour, dit à ce sujet M. le Curé, j'allai visiter Joséphine, en compagnie de M. le docteur Monceau, de sa femme et de ses enfants. Le docteur feignit de l'embarrasser sur une phrase de la 6e apparition :

— Je m'étonne, dit le docteur, que l'apparition qui, jusqu'à ce jour, a si bien parlé français, ait commis cette faute de grammaire.

— C'est peut-être moi qui l'ai commise, répond simplement Joséphine ; j'étais si impressionnée par ses larmes et par l'accent de sa voix !

— Pourriez-vous nous dire, ajouta M. Monceau, quel est l'être surnaturel qui vous apparaît?

Joséphine garda un instant le silence, et demanda à M. le Curé si elle avait la permission de parler. Sur un signe affirmatif, elle s'exprima en ces termes : « Depuis bientôt deux ans, j'ai entendu dire tant de fois que c'était le démon qui m'apparaissait, qu'à un moment j'ai eu grand peur, sans croire que ce fût lui. Mais les dernières apparitions m'ont rassurée, et je crois fermement que c'est la Sainte Vierge.»

Mais, peu de temps après, comme pour dissiper tout doute, la Sainte Vierge s'affirma elle-même dans la huitième apparition, qui eut lieu le 29 septembre, jour de la fête de Saint-Michel, qui était un samedi.

Vers huit heures du matin, Joséphine étant au lit fatiguée et anéantie en quelque sorte par les souffrances de toute la semaine, tandis qu'elle se préparait à recevoir la sainte communion que M. le Curé devait lui apporter dans la matinée, tout à coup l'apparition se présente auprès de son lit, ayant sur la poitrine un cœur transpercé de sept flèches. Elle pleurait et elle lui dit :

« Pauvre enfant, pourquoi es-tu si triste et te tourmenter » à ce point ? Ne t'ai-je pas bien dit de rester en paix au » milieu des souffrances que Dieu t'envoie et des tribulations » que tu peux éprouver de la part de ce monde? Mais il faut » que je te console malgré mes grandes souffrances, mes » afflictions et mes désolations ! Souviens-toi que je ne t'aban- » donne pas un seul instant. Je suis toujours près de toi pour » te soulager et te fortifier dans tes grandes fatigues et tes » grandes faiblesses. Il est vrai que tu souffres beaucoup,

» mais tu ne souffres pas seule. Faut-il que je t'ouvre mon
» cœur pour te prouver encore davantage quelles sont les
» souffrances que je ressens de la part des pécheurs ? »

A ce moment, le cœur s'entr'ouvre par une large blessure ;
il est tout embrasé et il demeure ainsi jusqu'à la dernière
parole.

« Juge maintenant s'il peut y avoir des douleurs plus gran-
» des et semblables aux miennes ! Oui, mon enfant, il y en a,
» mais ce sont celles de Notre-Seigneur Jésus-Christ. Ce Dieu
» d'amour souffre depuis sa naissance, et il souffrira jusqu'à
» la consommation des siècles. Et pour qui souffre-t-il ? Pour
» des hommes barbares, insensés et indifférents, qui ne veu-
» lent pas le servir, ni le reconnaître pour leur Dieu, et pas
» même penser à lui ; ou du moins, s'ils y pensent, ce n'est
» que pour le profaner et le blasphêmer. Un Dieu qui les
» nourrit et les comble de bienfaits ! Et pour marque de
» reconnaissance, ils se vengent et se révoltent contre lui. Il
» leur ouvre son cœur, et ils n'y entrent que pour le déchirer,
» l'outrager et le percer de mille glaives ! ! Faut-il qu'un
» père et une mère aiment leurs enfants pour ne pas les
» abandonner ! Non, nous ne les abandonnerons pas, mais
» Dieu les punira, car il est irrité et il m'est impossible
» d'apaiser sa juste colère... Il veut frapper la France de
» toute sorte de malheurs et d'afflictions ! »

(Là elle lève les yeux au ciel et pleure abondamment.)

« Pauvre France ! après avoir été si privilégiée, elle sera
» donc punie à cause de son orgueil, de sa malice et de son
» ingratitude ! »

« Mon enfant, si je pleure ce ne sont pas les douleurs de
» mon cœur qui me font pleurer, mais c'est l'ingratitude et la
» perte de nos malheureux enfants, qui tous les jours se lais-
» sent entraîner par le démon dans les précipices et les abi-

» mes éternels de l'enfer. *Ne crains pas de proclamer tout*
» *ce que je t'annonce et tout ce qui s'opère en toi ; surtout*
» *dis bien à ton confesseur et directeur que je tiens beau-*
» *coup à ce qu'il le fasse connaître et propager. Et je*
» *désire aussi que les sept douleurs de mon cœur soient*
» *honorées en faveur des pauvres pécheurs.* Tu peux divul-
» guer à ton directeur que j'ordonne aux incrédules de se
» renfermer dans une chambre pendant trois mois, sans
» prendre aucune nourriture que de l'eau, et qu'ils aient la
» manière de se faire vomir seulement cinq fois par jour, et à
» la fin des trois mois, s'ils sont toujours existants et qu'ils
» aient la force de marcher dans leur chambre, hé bien, là,
» ils auront raison de dire que ce qui se passe en toi est com-
» plètement faux ».

Après un moment de silence l'apparition ajouta :

« Mon enfant, j'avais l'intention de te cacher mon nom
» comme punition ; mais te voyant par moments si inquiète,
» si troublée et si affligée à ce sujet, et surtout par les ques-
» tions que l'un et l'autre te posent; eh bien, pour te tranquil-
» liser et te rassurer, je vais te prononcer qui je suis, afin
» que tu aies toujours la force et le courage de proclamer ma
» gloire, au milieu des souffrances que tu acceptes si bien
» avec résignation en te soumettant à la sainte volonté de Dieu
» et à la mienne... *Je suis la Mère de Dieu et ta Mère la*
» *plus chère, qui viendra te visiter visiblement jusqu'à la*
» *mort* ».

Après un autre moment de silence, la Sainte Vierge ajouta :

« Mon enfant, je vais te confier un autre secret que tu pour-
» ras révéler à ton confesseur dans quelque temps. Dis-lui
» qu'il est bien à craindre que l'Eglise, les prélats et les prê-
» tres soient châtiés par les maudits pécheurs Priez bien et
» redoublez de ferveur pour obtenir la conversion de la France,
» et pour que Dieu mette la paix dans son Eglise.

» Il n'est pas bien étonnant, du reste, que Dieu veuille punir
» ses enfants. Que d'horribles sacrilèges se commettent tous
» les jours, surtout de la part des femmes ! Les jeunes filles
» perdent leur virginité ; les femmes mariées se livrent à l'a-
» dultère : et ce sont les péchés les plus odieux à nos yeux et
» qui nous offensent le plus. Elles vont se présenter au minis-
» tre de Jésus-Christ et ne s'accusent même pas de ces péchés
» si graves et si abominables. Elles trompent leur confesseur
» mais elles ne trompent pas Dieu. Et ensuite elles ont le cou-
» rage d'aller se présenter au sacré banquet, recevoir le Corps
» et le Sang de mon divin Fils dans de semblables disposi-
» tions. Il vaudrait mieux, pour ces personnes enchaînées par
» le démon, qu'elles ne s'approchassent jamais des sacrements,
» car elles augmentent les souffrances de Notre Seigneur Jé-
» Jésus-Christ, et elles se plongent encore davantage dans
» l'enfer. »

Cette apparition et surtout l'assurance qu'elle en avait reçue
que c'était la Mère de Dieu, consola beaucoup Joséphine et lui
donna un nouveau courage pour supporter son cruel martyre.
Bientôt le bruit se répandit dans le public qu'elle avait environ
90 crises de vomissement par jour sans prendre aucune nourriture, et qu'elle devait aller ainsi jusqu'au 7 décembre. On
s'émut à cette nouvelle et l'on voulut s'en assurer. C'est pourquoi M. le Curé fit faire, dès le 25 octobre, près de la voyante,
une garde sévère de jour et de nuit, dont matin et soir il recevait les témoignages et les appréciations. Dix femmes ou jeunes filles dont cinq le jour et cinq la nuit, ne quittèrent plus
Joséphine d'une minute jusqu'au 7 décembre. Elles prenaient
note du nombre et de la nature de ses vomissements, de son
état général, et donnaient une attention minutieuse à tout
pour s'assurer si elle ne prenait jamais, soit le jour, soit la
nuit, aucune nourriture. Les femmes et les jeunes filles em-

ployées à ce soin y mettaient le plus louable empressement,
car elles regardaient comme une insigne faveur d'être appe-
lées à veiller près de la voyante. Celles qui n'avaient pas
veillé encore attendaient impatiemment leur tour. Des paroisses voisines mêmes plusieurs demandèrent à être admises
à passer près de la victime le jour et la nuit. De cette sorte
environ 300 personnes furent employées jusqu'au 7 décembre
à veiller soit la nuit, soit le jour, près de Joséphine. Or, tous
ces témoins dignes de foi attestent qu'elle avait tous les jours
de 70 à 95 crises de vomissements de sang pur, et qu'elle
ne prit aucune nourriture ni la nuit, ni le jour. Seulement,
pendant le jour pour rafraîchir ou adoucir un peu sa poitrine
brûlante, elle prenait deux ou trois pastilles à la menthe ou
deux ou trois petits morceaux de sucre arrosés d'eau de
fleur d'oranger ; mais tout cela était aussitôt rejeté comme
tout liquide par les vomissements. Pendant la nuit elle ne
prenait qu'un ou deux verres d'eau sucrée et rarements trois.

Avec ce régime néanmoins, son teint était plein de fraîcheur
et son visage ne paraisssait pas sensiblement amaigri. Si on
ne l'avait vue que dans l'intervalle des crises, on n'aurait
soupçonné ni son abstinence ni ses grandes douleurs. Les
surveillantes revenaient enchantées de sa douce gaîté et de
son aimable conversation. Pendant la récitation du chapelet
que l'on faisait tous les jours à deux heures, ainsi que pendant qu'elle racontait ses apparitions, elle était calme et ne
vomissait jamais. Sa voix, faible d'abord, se raffermissait peu
à peu, son teint pâle se colorait, ses yeux cernés s'agrandis-
saient et prenaient une expression de douceur et d'une beauté
qui n'avait rien de terrestre, et l'on croyait entendre un ange
descendre du ciel. Tous les soirs, lorsque ses vomissements
avaient cessé, et malgré les dures fatigués de la jouurnée,
elle lisait à haute voix à ses témoins et à sa famille les Lita-

nies de la Sainte-Vierge, de longues prières pour les âmes du purgatoire et d'autres prières plus longues encore à Notre-Dame des Sept-Douleurs. En sorte que les assistants en étaient dans l'étonnement et ne pouvaient attribuer tant de force et de courage qu'à une assistance particulière d'en Haut.

Cependant un grand changement s'était opéré parmi le public à l'égard de Joséphine. Les faits qu'on avait tous les jours sous les yeux et les paroles des dernières apparitions donnaient à réfléchir. L'intérêt et l'attendrissement gagnaient peu à peu les plus indifférents. Personne plus ne plaisantait. Les impies se taisaient, et les croyants ou simplement les gens sensés allaient au Jarrier, hommes et femmes, parfois jusqu'au nombre de 110 ou 120, admirer la victime se tordant avec une patience angélique sur son lit de douleur, ou racontant avec un charme incomparable les paroles de la Reine du ciel, qui lui apparaissait.

L'apparition du 29 septembre ne fut pas la seule qu'elle eût pour sa consolation durant ses trois mois de martyre. La Sainte Vierge lui apparut un mois après, le 28 octobre, à deux heures du soir. C'était la 9e apparition. Cette fois, Joséphine n'était pas seule dans sa chambre, comme dans les précédentes apparitions. Dix-neuf personnes étaient présentes. Elle était silencieuse, abattue, haletante, après une crise longue et terrible. Tout à coup les assistants voient son visage se transfigurer en quelque sorte, ses regards fatigués s'illuminent et se fixent, les paupières ne font plus aucun mouvement, tout son corps devient immobile, sa respiration même est suspendue. Elle est plongée dans l'extase céleste, et son âme ravie contemple le monde invisible. Les assistants, subjugués par ce spectacle si nouveau pour eux, restent immobiles comme la voyante et dans le plus complet silence. On pressent une apparition. Il y a quelque chose, dit une femme à sa voisine. La belle-sœur de la voyante, les larmes aux yeux, prend sa main dans les siennes... Cinq minutes s'écoulent... Joséphine revient de son extase : « Le jour de la Toussaint, je n'aurai que 20 crises de vomissements, dit-elle à sa belle-sœur.» Tous comprennent..., tous veulent savoir ce que la voyante a vu et entendu. Elle hésite ; elle dit qu'elle n'a pas la permission de M. le Curé...; mais que l'apparition lui a commandé de parler aux personnes qui l'entourent. Les assistants dissipent ses craintes, elle parle :

« C'est la Sainte Vierge, dit-elle, qui vient de m'apparaî-tre. Son visage était souriant et plus beau qu'à l'ordinaire ; elle fixait sur moi ses regards très doux; ses bras étaient entr'ouverts, sa robe d'une blancheur éclatante. A la main droite, elle avait une couronne de roses blanches ; ces roses étaient doubles et commençaient à s'épanouir. De la main gauche, elle tenait une croix noire, large de cinq centimètres et longue d'environ cinquante. Sur cette croix, des clous et des épines de trois centimètres.

» Elle m'a dit :

« Courage et confiance, ma chère enfant ! Pour mériter » cette couronne (elle la présente), il faut souffrir (elle la re-» tire) et savoir porter cette croix.» (Elle la présente, puis la retire.) Elle continue :

« Ne crains pas de dire aux personnes qui t'entourent que, » jeudi prochain, fête de tous les Saints, tu n'auras que vingt » crises de vomissements du matin au soir.»

Tous ceux qui l'entendaient étaient émus jusqu'aux larmes, et exprimaient en termes touchants leur joie et leur reconnaissance. Plusieurs même, par un mouvement spontané mais indiscret, à la vérité, se mirent à genoux et lui demandèrent l'assistance de ses prières, tant on était persuadé que la Mère de Dieu venait de lui apparaître et de lui parler. Comment aurait-on pu en douter ? On en avait deux preuves évidentes et sensibles : 1º Son état extatique qui avait frappé tous les yeux ; et 2º la prédiction, bien facile à vérifier dans trois jours, qu'elle n'aurait que 20 crises de vomissement le jour de la Toussaint.— Tous d'ailleurs étaient intimement convaincus que ces vomissements étaient absolument indépendants de sa volonté, et qu'il ne lui était pas plus possible de les réprimer, quand ils venaient, que de les exciter avec ces crises si violentes qui semblaient chaque fois devoir lui arracher l'âme. Donc, si elle prédisait 20 crises de vomissement seulement pour le jour de la Toussaint, tandis que les autres jours elle en avait de 70 à 95, on était sûr que cette nouvelle prédiction s'accomplirait comme s'étaient accomplies toutes celles qu'elle avait déjà faites à ce même sujet, et par conséquent on ne pouvait douter de la vérité de l'apparition de la Sainte Vierge. Ainsi raisonnait le bon sens populaire, et avouons qu'il raisonnait d'une manière très rationnelle et très juste.

La nouvelle de cette apparition se répandit dans le bourg le soir même du 28 octobre. C'était un dimanche, les enfants de Marie et les zélatrices de l'apostolat de la prière sortaient de la maison des sœurs où elles avaient tenu leur réunion, quand elles l'apprirent ; des groupes d'hommes et de femmes s'étaient formés sur la place et s'en entretenaient. Toutes les jeunes filles de l'association voulaient partir aussitôt pour aller voir Joséphine en sa maison du Jarrier, située à deux kilomètres du bourg, comme il a été déjà dit : la nuit qui approchait les arrêta. Mais des jeunes gens quittèrent leurs camarades et allèrent résolument entendre la voyante. Ils arrivèrent au moment de sa dernière crise, qui fut une des plus cruelles de la journée ; ils la virent vomir le sang pur. Quelques minutes après, elle dit : *c'est fini*, et elle demanda un verre d'eau pour rafraîchir cette pauvre poitrine qui, du matin au soir, avait supporté dans des souffrances inouïes 90 crises de vomissement. Elle eut encore le courage, durant vingt minutes, de faire le récit de toutes ses apparitions à ces jeunes gens qui revinrent très impressionnés.

Le jour de la fête de la Toussaint arriva ; et ainsi qu'elle l'avait prédit, Joséphine n'eût en effet, que 20 crises de vomissement, comme l'attestent les surveillantes.

Avant d'aller plus loin, faisons ici une remarque importante. On vient de voir que lorsque les jeunes gens arrivèrent chez Joséphine, le soir du 28 octobre, elle avait une crise après laquelle elle dit : *C'est fini.* C'est qu'elle sent, en effet, quand c'est la dernière crise de la journée qui est arrivée. Nous l'avons interrogée à ce sujet, car les crises de vomissement continuent tous les jours, comme nous le dirons en son lieu.

» Pendant toute la journée, dit-elle, j'éprouve dans le cœur
» une certaine douleur, comme s'il était resserré et lié avec
» une corde ; mais aussitôt que la dernière crise est finie, je
» sens ce malaise disparaître : ce qui m'avertit que je n'aurai
» plus de crise. Cela ne m'a jamais trompée. »

Que la science explique, si elle le peut, ce singulier phénomène. Mais il y en a encore bien d'autres ici quelle ne pourra jamais expliquer naturellement.

Après la fête de la Toussaint, Joséphine continuait son martyre de trois mois sous les yeux de ses surveillantes. Mais la Sainte Vierge ne voulait pas la laisser sans consolation ; cette bonne Mère lui apparut de nouveau le 21 novembre, jour de la fête de sa présentation au Temple. On se souvient que, le 29 septembre, elle lui avait donné un nouveau secret en lui disant : *Tu pourras le communiquer à ton confesseur dans quelque temps.* Or, elle ne l'avait pas encore communiqué. De plus, la Sainte Vierge lui avait dit : *Je désire que les sept*

*douleurs de mon Cœur soient honorées en faveur des pau-
vres pécheurs ;* et elle était dans l'inquiétude de savoir comment elle accomplirait ce désir de sa bonne Mère. C'est pour
ces motifs que la Sainte Vierge daigna lui apparaître de nouveau le 21 novembre. Ce fut la dixième apparition.

Il était deux heures du soir. Onze personnes étaient dans la
chambre. Tout à coup elles voient Joséphine tomber en
extase. La Sainte Vierge lui apparaît portant un cœur transpercé de sept flèches comme le 29 septembre. Elle lui dit :

« Mon enfant, calme tes inquiétudes et révèle à ton confes-
» seur le secret que je t'ai confié » (1).

» Recommande bien à tout le monde, surtout aux personnes
» pieuses, de prier pour l'Eglise, pour le clergé et pour le Sou-
» verain Pontife, pour la France et pour la conversion des
» pécheurs. Voici comment je désire que les sept douleurs de
» mon cœur soient honorées : par une confrérie établie dans
» cette paroisse et en récitant tous les jours le chapelet de
» mes Sept-Douleurs et l'*Ave Maria* de Notre-Dame de
» Compassion. Toutes les personnes qui accompliront cette
» œuvre, je les bénirai et les préserverai de tout danger. »

Les lecteurs qui désirent connaître le chapelet de Notre-
Dame des Sept-Douleurs n'ont qu'à consulter l'ouvrage du
P. Maurel : *Le chrétien éclairé sur la nature et l'usage des
indulgences* (2).

L'*Ave Maria* de Notre-Dame de Compassion, composé par
le docteur séraphique S. Bonaventure, a été approuvé par
Pie IX, qui a accordé 100 jours d'indulgence à sa récitation.
Nous allons le reproduire ici pour la pleine édification des
lecteurs :

(1) Voir ce secret à la page 31.
(2) Ce chapelet se compose de sept septaines d'*Ave Maria*, ou
49 *Ave Maria*. Avant chaque septaine, on dit le *Pater*.

« Je vous salue, Marie pleine de douleurs ; Jésus crucifié est
» avec vous ; vous êtes digne de compassion entre toutes les
» femmes ; et digne de compassion est Jésus le fruit de vos
» entrailles.

» Sainte Marie, Mère de Jésus crucifié, obtenez-nous des
» larmes, à nous qui avons crucifié votre Fils, maintenant et à
» l'heure de notre mort. Ainsi soit-il. »

Enfin, aux approches de la fête de l'Immaculée Conception,
la Sainte Vierge voulut consoler la pauvre victime encore une
fois et lui annoncer elle-même sa prochaine guérison. Huit
jours avant la fête, le samedi 1er décembre, elle lui apparut
pour la onzième fois. Elle était souriante ; elle tenait de la
main droite une couronne de roses blanches et de la main
gauche une croix noire, comme le 28 octobre. 19 personnes
étaient dans la chambre. Elle dit :

« Oui, mon enfant, tu seras guérie le 8 décembre, et je te
» donnerai la force d'aller assister au saint sacrifice de la messe
» dans cette paroisse.

» Je désire avec ardeur, pour des raisons particulières, que
» tu y résides jusqu'à ton dernier soupir.

» Et en même temps, tu pourras prendre n'importe quelle
» nourriture, sans craindre que ton estomac ne puisse la
» digérer.

» Dans toutes les peines et les situations fâcheuses où tu
» puisses te trouver, appelle-moi toujours à ton secours et j'in-
» tercéderai pour toi. Ne demande jamais rien qu'en désirant
» toutefois que la volonté de Dieu s'accomplisse. Une prière
» que tu me feras dans cette disposition ne sera jamais sans
» quelque fruit.

» Il y a beaucoup de personnes qui se recommandent à tes
» prières dans l'intention que je leur obtienne ce qu'elles sa-
» vent bien n'être pas la volonté de Dieu, et d'autres ne

» pensent à m'invoquer que lorsqu'ils sont dans les afflictions
» ou qu'il s'agit des biens de la terre. Doivent-ils s'attendre à
» être exaucés ? Non, si je prie pour eux, ce n'est pas pour
» leur obtenir ce qu'ils demandent, et qui leur serait nuisi-
» ble ; mais ce qu'ils ne pensent point à demander, et qui leur
» serait utile. Eh bien! ma chère enfant, je suis de même
» pour toi. Je demande à Dieu qu'il t'envoie de grandes afflic-
» tions, qu'il te détache de la terre et te fasse penser au ciel.
» Surtout n'abandonne pas ta croix de douleur, afin de rece-
» voir la couronne des martyrs que je t'ai promise.»

CHAPITRE VI

Guérison. — 12ᵉ et 13ᵉ Apparitions.

Le martyre de trois mois touchait à sa fin, et tous ceux qui
en avaient été témoins, soit de Boulleret, soit des paroisses
environnantes, attendaient avec impatience le jour de la fête
de l'Immaculée Conception pour en voir le dénouement. Depuis
trois mois, Joséphine ne mangeait point ; depuis trois mois,
elle vomissait le sang de 70 à 95 fois par jour, et elle avait
prédit que le jour de la fête de l'Immaculée Conception, elle
se lèverait, irait à la messe et mangerait comme une personne
d'une parfaite santé. Chacun désirait voir de ses yeux l'accomplissement de cette prédiction et assister à cette espèce de
résurrection. D'ailleurs, on ne pouvait oublier l'impression
profonde qu'on avait ressentie en voyant cette figure extatique
sur laquelle était tombé un rayon de la grâce d'En-Haut, ce

regard angélique purifié par la contemplation du monde invisible, cette voix claire et vibrante racontant les apparitions et les paroles de la Reine du ciel. En voyant, en entendant Joséphine, on avait entrevu les beautés du monde surnaturel, et l'on se disait avec raison que la fête de l'Immaculée Conception ne se passerait pas sans qu'elle eût quelque nouvelle apparition. Chacun aurait voulu être là pour la voir et l'entendre encore.

L'homme, a dit quelqu'un, est un roi déchu qui se souvient des cieux. Malgré sa déchéance, il n'a pas perdu l'instinct de sa céleste origine. Aussi le pauvre cœur humain ne peut trouver sa paix dans la jouissance des biens terrestres, et toutes les fois qu'un rayon de la beauté divine vient à lui apparaître et lui rappeler sa patrie, il pleure, il devient fou de joie et d'amour.

Voilà ce qu'éprouvaient tous ceux qui avaient pu voir la voyante. Aussi, dès l'avant veille de la fête de l'Immaculée Conception, près de 600 personnes de toutes les classes de la société, par une pluie battante et les pieds dans la boue, se rendirent chez la malade pour la voir et l'entendre. Le lendemain, vendredi, veille de la fête, les visiteurs arrivèrent par toutes les routes au nombre de quatorze à quinze cents. La malade, malgré soixante-dix crises de vomissement, trouva la force de répéter, jusqu'à douze fois, le récit de ses apparitions aux foules qui l'écoutaient avec attendrissement. Plusieurs mêmes se mettaient à genoux pour baiser l'endroit où la Sainte Vierge avait posé les pieds.

Le moment le plus saisissant approchait, c'était celui où sonnerait l'heure de minuit et où commencerait le jour de la fête de l'Immaculée Conception. Vers onze heures, Joséphine prit ses vêtements, et à minuit, elle parut devant une cinquantaine de personnes, qui avaient réclamé la faveur de passer près d'elle cette mémorable nuit. En là voyant debout et marcher avec aisance, toutes ces personnes étonnées et ravies s'écrièrent : — peut-on voir un plus grand miracle ? Et aussitôt, de toutes les poitrine, le chant du *Magnificat* retentit comme une exploison de joie et de reconnaissance envers la Vierge Immaculée ; car elle réalisait à leurs yeux la prédiction qu'elle avait faite cinq mois auparavant de rendre une pleine santé à cette pauvre victime. La nuit entière fut employée à réciter des prières, à faire de pieuses lectures, à chanter des hymnes et des cantiques. Sur le matin, Joséphine priait et chantait toute seule, lorsque ses compagnes fatiguées gardaient le silence. Ah ! s'écriaient celles-ci, nous ne pourrons jamais oublier cette nuit de prière et de bonheur !

A huit heures, au moment ou Joséphine se disposait à aller à la messe, et qu'une vingtaine de visiteurs l'interrogeaient, elle fut ravie devant eux en extase. La Vierge immaculée la favorisait d'une nouvelle apparition : c'était la 12e. Au bout d'une dixaine de minutes, étant revenue de son extase, elle leur fit part de quelques paroles de l'apparition, et demanda à être conduite à la messe.

La foule l'attendait avec impatience, l'église était comble. Environ 1,200 étrangers, venus de Bourges, de Sancerre, de Cosne, de Briare, de Saint-Martin d'Aurigny et des paroisses environnantes, était mêlés aux fidèles de la paroisse de Boulleret. Lorsque la miraculée entra dans l'église, il se fit un mouvement de curiosité bien légitime parmi cette immense foule ; on allait, on venait, on se pressait de tous côtés pour la voir; mais lorsque l'office divin commença, chacun se mit à sa place en silence et entendit la messe avec recueillement. Cent soixante personnes accompagnèrent Joséphine à la table sainte. Ce fut le moment le plus solennel. Jamais communion ne fut plus édifiante ! Les larmes coulaient de tous les yeux ; la vraie piété se lisait sur tous les visages. On se sentait en présence d'un miracle, et l'on était heureux de recevoir le pain de vie avec celle qui était guérie, et marchait après trois mois d'abstinence complète et plus de six mille crises de vomissement.

Assurément il y aurait eu le double de communions si un autre prêtre avait été là pour entendre les confessions la veille et pendant la nuit. Un grand nombre de personnes venues de loin ne purent satisfaire leur dévotion.

Au sortir de la messe, tout le monde voulait voir Joséphine, lui prendre les mains, lui adresser une parole. La pauvre enfant se prêtait très simplement et de bonne grâce aux pieux désirs de chacun.

Enfin on la laissa repartir pour le Jarrier. Elle y trouva environ 200 personnes curieuses d'assister à son déjeûner. Tous les médecins reconnaissent qu'il est naturellement impossible à un estomac qui est resté trois mois sans prendre aucune nourriture, de faire, subitement et sans transition, un repas copieux, composé des mets les plus indigestes. Mais tout ici s'écarte des lois ordinaires de la nature. Or, de quoi se composa ce premier repas de Joséphine ? On nous permettra d'en donner le menu, car, dans la circonstance, ce détail n'est pas indifférent. Après trois mois d'une abstinence complète, Joséphine put manger et digérer facilement un morceau de boudin, une tranche de saucisson, une côtelette de porc, la moitié d'une poire, une demi-livre de pain. Les visiteurs, voyant cela, en étaient grandement étonnés ; mais ils cessaient de l'être quand ils se rappelaient que la Sainte Vierge, dans son apparition du 1er décembre, lui avait dit en lui annonçant sa guérison :

« Et en même temps tu pourras prendre n'importe quelle nour-
» riture, sans craindre que ton estomac ne puisse la digérer. »

Le soir, Joséphine revint à Boulleret pour assister aux vêpres. Après l'office, elle se rendit à la sacristie, accompagnée d'une parente et de la supérieure des Sœurs, pour dicter à M. le Curé les paroles de l'apparition du matin.

12e Apparition. (*8 décembre 1877*.)

La Sainte Vierge tient de la main droite une couronne de roses blanches, de la main gauche une croix noire. Sa robe est d'une blancheur éclatante. Elle sourit à la voyante et lui dit :

« Il est donc arrivé cet heureux jour de mon Immaculée
» Conception, que tu as tant désiré, pendant les trois mois
» que tu as passés sur ton lit de douleur ! Quelle joie et quel
» bonheur n'éprouves-tu pas en ce moment ! Mais cette joie et
» ce bonheur seront bientôt évanouis ! Il te semble être dé-
» chargée de cette lourde et pesante croix pour ne plus la
» reprendre ; mais il n'en sera pas ainsi, car Dieu t'a choisie
» pour victime. Il t'a prédestinée à la souffrance ; il a des des-
» seins sur toi ; il veut les accomplir jusqu'au dernier soupir
» de ta vie !... Voici ce qu'il veut de toi : Que tu dises adieu à
» la terre, à ses vains objets et à ses fausses douceurs, et que
» tu t'abandonnes entièrement à la souffrance ; que tu préfères,
» désires et aimes les souffrances plutôt que tous les plaisirs
» et les vanités de ce monde injuste et trompeur !

» Oui, ma chère fille, tu reprendras la croix que tu viens de
» quitter, le 3 février prochain, pour ne plus t'en séparer qu'au
» jour de ton jugement !

» Tu vomiras tous les jours de la semaine, à l'exception des
» samedis, qui seront réservés en mon honneur, comme je te
» l'ai annoncé le 9 avril dernier. Et ce vomissement sera iné-
» gal, tantôt plus, tantôt moins renouvelé. Mais tu n'auras
» jamais moins de sept crises par jour.

» Dieu t'accorde et te permet aussi qu'aux principales fêtes
» de l'année, ou pour des intentions particulières qui se trou-
» veront hors du samedi, de t'approcher de la sainte table, de
» recevoir le pain de vie qui augmentera la grâce en toi et
» fortifiera ton âme et ton corps au milieu de tes cruelles
» douleurs. Mais il ne faudrait pas faire de fréquentes com-
» munions dans l'intention de te préserver de tes vomisse-
» ments, car ces communions n'auraient aucun mérite, et il se
» pourrait bien qu'au moment où tu irais t'approcher de la
» sainte table, Dieu provoquerait tes vomissements et mettrait
» obstacle à ta communion.

» Maintenant, va recevoir mon divin Fils au pied du taber-
» nacle, et surtout humilité et obéissance.»

Quand Joséphine eut fini de dicter, M. le curé lui demanda
quelle avait été son impression en entendant ces graves paroles. « Tout de suite, dit-elle, j'ai été peinée de savoir que je
» devais souffrir jusqu'à ma mort ! Mais je me suis vite rési-
» gnée, et maintenant j'attends avec soumission la volonté de
» Dieu.»

En effet, à partir de ce moment, la plus douce joie se voyait
toujours sur son visage ; elle-même consolait ses parents déso-
lés, et elle disait agréablement à ses visiteurs encore nombreux : « Je jouis maintenant des vacances du bon Dieu. » Ce
furent des vacances complètes, car pendant ces deux mois qui
s'écoulèrent jusqu'au 3 février 1878, elle n'éprouva aucun vomissement ni aucune autre douleur. Mais le temps de reprendre sa croix étant arrivé, elle fut de nouveau visitée par sa
bonne Mère du ciel, qui vint le lui annoncer et lui donner de
nouveaux enseignements.

✳

13e APPARITION (*le 1er février 1878*).

Le 1er février 1878, Joséphine s'entretenait dans sa chambre avec une douzaine de personnes, qui étaient venues lui rendre visite, lorsque tout à coup ses regards sont frappés par la vue de l'apparition. Elle tombe à genoux, les mains jointes. La Sainte Vierge lui apparaît souriante, vêtue d'une robe blanche, tenant une couronne de fleurs blanches à la main droite et une croix noire à la main gauche. Elle lui dit :

« Ma pauvre fille, tes vacances sont finies, et l'heure de la
» souffrance et de la pénitence est venue ! Oui, elle est venue
» cette heure où tu dois reprendre ta croix pour ne plus la
» quitter qu'au moment de recevoir la couronne éternelle.
» Tout en la portant, cette croix douloureuse, je veux que tu
» suives le règlement que je vais te citer, car tu es loin de
» remplir toutes ces perfections, qui sont : *l'humilité, l'obéis-*
» *sance, la piété, la modestie, la charité, la douceur, la*
» *patience, la résignation, un grand courage, une sincère*
» *fidélité.*

» Maintenant, voici le règlement de ta nourriture durant ta
» vie : Je t'ordonne de prendre un verre de bouillon après ta
» dernière crise. Chaque fois que tu auras le bonheur de rece-
» voir mon divin Fils, tu pourras prendre n'importe quelle
» nourriture. Si je te permets de prendre cette nourriture
» toutes les fois que tu auras le bonheur de recevoir le Dieu de
» l'Eucharistie, c'est tout simplement pour donner de la satis-
» faction à tes parents. »

La voyante dit : « Mais, ma bonne Mère, comment ferai-je pour prendre cette nourriture, lorsqu'il m'était presque impossible, pendant les trois mois qui se sont écoulés, de prendre quelques gouttes d'eau ? »

La Sainte Vierge répond avec un visage un peu sévère :

« As-tu des motifs qui puissent te faire douter de ma puis-
» sance ? Tout ce que je t'ai annoncé ne s'est-il pas bien réa-
» lisé ? Vois-tu qu'en ma présence tu as manqué de con-
» fiance ? »

La Sainte Vierge s'arrête et reprend d'un air souriant:

« Parfois, ma chère enfant, au milieu de tes afflictions et de
» tes accablements si doulonreux, tu seras à l'agonie, man-
» quant de force et de courage, de manière qu'il te sera im-
» possible d'aller recevoir le pain des anges au pied des
» tabernacles. Mais chaque fois que tu te sentiras la force
» d'assister aux offices, même hors du samedi, ne crains pas
» d'y assister, car Dieu ne permettra jamais que tu sois inter-
» rompue par une crise vomitive durant l'office..... A de-
» main matin. »

La Sainte Vierge disparaît.

Dans les deux précédentes apparitions, la Sainte Vierge fait à Joséphine une prédiction à laquelle elle était bien loin de s'attendre. Elle vomira tous les jours de sa vie, excepté les samedis et les principales fêtes de l'année, ainsi que certains autres jours où elle aura les intentions particulières, comme nous le dirons bientôt. Ce vomissement sera inégal, tantôt plus, tantôt moins renouvelé; mais jamais moins de sept fois par jour. Or, depuis le 1er février 1878, jour où cette prédiction lui a été faite, jamais jusqu'à aujourd'hui, 8 décembre 1882, elle n'a manqué, un seul jour, de s'accomplir exactement. Elle vomit tous les jours, excepté les samedis, les jours de fête de Notre-Seigneur et de la Sainte Vierge et certains autres jours mémorables; elle vomit plus ou moins de fois chaque jour, mais jamais moins de sept fois, comme cela lui a été prédit.

Pourquoi ce nombre 7 ? Ceci n'est pas sans mystère. José-phine est une victime choisie pour représenter, par ses souffrances, Notre-Dame des Sept-Douleurs, qui lui apparaît avec un cœur transpercé de sept flèches ; et voilà pourquoi il lui est dit qu'elle vomira pour le moins sept fois par jour pour figurer ainsi les sept blessures faites au cœur de Marie.

Mais voici une chose bien étonnante, et qui ne fut remarquée qu'environ un an après que les vomissements eurent recommencé : c'est que si le nombre de ces vomissements dépasse 7, il augmente toujours par septaines pour s'arrêter à un certain nombre de fois 7. Ainsi la voyante vomit ou 14 fois, ou 21 fois, ou 28 fois ; ainsi de suite. Un jour du mois d'octobre 1881, où nous l'avons vue dans sa maison, elle vomit 49 fois ; trois jours après, nous la revîmes et elle n'avait vomi que 21 fois.

A ceux qui refusent de reconnaître ici le surnaturel divin, nous poserons cette question : quelle peut donc être la cause de ces vomissements ? On ne peut, ce nous semble, en assigner que quatre : 1° la volonté de Joséphine ; 2° une maladie naturelle ; 3° le démon ; 4° ou bien la Sainte Vierge.

1° Serait-ce la volonté de Joséphine ? Cette femme jouerait-elle la comédie pour tromper le public ? Non, cent fois non. Tous ceux qui la connaissent, tous ceux qui ont été témoins des crises terribles de vomissements, mettent hors de doute sa bonne foi, et déclarent que ses vomissements se produisent tout à fait contre sa volonté.

2° Serait-ce une maladie naturelle ? Mais quelle est donc cette singulière maladie qui montre une telle prédilection pour le nombre 7 et s'arrête tout juste les samedis, les jours de fête de Notre-Seigneur et de la Sainte Vierge et les jours anniversaires des apparitions ?

3° Serait-ce enfin le démon ? Mais qui donc aurait inspiré au démon ce respect pour les samedis et les jours de fête ? D'où lui viendrait cette dévotion nouvelle pour le nombre 7 ?

Soit, dira-t-on, ce n'est pas le démon qui est la cause de ces vomissements ; ce n'est ni la maladie, ni la volonté de Joséphine, mais seulement son imagination, car qui ne sait que l'imagination joue un grand rôle chez les femmes ? Joséphine s'imagine qu'elle doit vomir à certains jours et non à certains autres jours. Cette idée agissant fortement sur son organisme impressionnable, produit ou arrête les vomissements, voilà la clef de tout le mystère.

Le mystère n'est nullement expliqué. Voici un fait, qui prouve d'une manière péremptoire et sans réplique que l'imagination ne joue aucun rôle dans ces vomissements.

Le 18 décembre 1879, la voyante n'eut point les [vomissements. Or, c'était un jeudi, et elle n'avait point communié ce jour-là. Elle en fut fort étonnée. C'est bien singulier disait-elle aux personnes qui l'entouraient, aujourd'hui ce n'est pas un samedi, je n'ai pas communié, et pourtant je ne vomis pas. Comment cela se fait-il ? — Mais, lui dit-on, ne serait-ce pas peut-être aujourd'hui un jour de fête ? On regarda dans le calendrier, c'était précisément le jour de la fête de l'attente de l'enfantement de la Sainte Vierge, fête qui n'est guère connue des fidèles et que Joséphine notamment ne connaissait point. L'imagination n'est donc pour rien dans ces vomissements, puisque croyant les avoir, ce jour-là, elle en fut préservée.

Mais si les vomissements n'ont pour cause ni l'imagination, ni la volonté de Joséphine, ni la maladie, ni le démon, ils ne peuvent donc avoir qu'une cause surnaturelle, divine, c'est-à-dire les apparitions de la Sainte Vierge.

Ce n'est pas tout, la Sainte Vierge lui a donné le règlement de sa nourriture durant toute sa vie : *Je t'ordonne, lui dit-elle, de prendre un verre de bouillon tous les soirs après ta dernière crise.* Nous avons déjà dit que Joséphine sent quand arrive cette dernière crise, car elle en est avertie par un certain élargissement de cœur et la cessation de la douleur continue qui en est la conséquence. C'est alors qu'elle prend son verre de bouillon. Ordinairement c'est un verre de lait, voilà toute sa nourriture de chaque jour. Or, à chaque crise de vomissement, comme nous l'avons vu deux fois de nos propres yeux, elle vomit environ un demi-verre de sang. Peut-on expliquer naturellement comment, ne prenant qu'un seul verre de lait par jour, elle peut vomir soit 7, soit 21, soit 49 demi-verres de sang ? Bien plus, elle passa quelquefois jusqu'à 8 jours, jusqu'à 15 jours de suite sans pouvoir prendre ce verre de lait, ni toute autre nourriture, et néanmoins elle ne cesse point de vomir tous les jours. C'est ce qui lui arriva durant la semaine que nous passâmes à Boulleret. Nous la vîmes le lundi ; elle vomit ce jour-là 49 fois, et le soir elle ne put prendre son verre de lait tant son estomac était brisé. Nous la revîmes le jeudi d'après, et elle nous avoua être encore à jeun depuis le dimanche, et cependant les vomisssements avaient continué tous les jours.

Malgré ce régime et ces souffrances, son visage ne paraissait pas trop amaigri ; elle parlait aisément et d'une voix claire ; elle s'occupait quelque peu de son ménage et allait à la messe tous les jours. Peut-on expliquer qu'elle puisse vivre de la sorte sans un secours spécial de Dieu ?

Enfin, nouveau détail qui ne manque pas d'importance et dont les médecins ont été fort étonnés : le 18 novembre 1879, Joséphine est devenue mère une seconde fois. Elle a donné le jour à une seconde fille, et, malgré ses souffrances, ses vomissements de sang et son régime, elle a pu allaiter elle-même son enfant. Et les médecins, stupéfaits, constataient qu'elle aurait eu assez de lait pour nourrir deux enfants à la fois. Le petite fille se porte à merveille. Nous n'avons pas craint d'entrer dans tous ces détails dont l'ensemble fait ressortir davantage l'action visible de Dieu sur Joséphine.

Il est vrai cependant qu'elle ne remplit pas toujours aussi facilement son rôle de victime, et parfois, Dieu lui impose un fardeau plus lourd de souffrances. Alors, elle est obligée de garder le lit pendant deux et trois mois consécutifs.

Dans les deux dernières apparitions, la Sainte Vierge dit encore à Joséphine : « Dieu t'accorde et te permet aussi qu'à » toutes les principales fêtes de l'année ou pour des intentions » particulières qui se trouvent hors du samedi, de t'approcher » de la sainte table... Et chaque fois que tu auras le bonheur » de recevoir mon divin Fils, tu pourras prendre n'importe » quelle nourriture. »

Joséphine est donc préservée des vomissements : 1o tous les samedis ; 2o à toutes les fêtes de Notre-Seigneur et de la Sainte Vierge ; 3o à certains autres jours, par exemple aux jours anniversaires des apparitions, le jour où elle termine une neuvaine de prières qu'on lui a demandée, le vendredi où l'on fait dans la paroisse la communion réparatrice, le jour de l'ouverture du mois de S. Joseph, etc. En tous ces jours-là, elle est préservée des vomissements, lors même qu'elle ne communie pas. Mais si elle communie, non seulement elle est préservée des vomissements, mais encore elle peut manger n'importe quelle nourriture. Et il est à remarquer qu'elle ne peut pas manger si elle n'a pas reçu la divine Eucharistie. Elle a essayé plusieurs fois de manger ces jours-là ; mais son estomac se refuse à prendre aucune nourriture si elle n'a préalablement reçu le corps de Notre-Seigneur.

« Si je te permets de manger, ces jours-là, lui dit la Sainte » Vierge, c'est tout simplement pour la consolation de tes » parents. »

O bonne Mère, jusque-là vous portez votre condescendance !

Et en effet, c'est une grande consolation, pour ses pauvres parents, son mari et ses deux enfants, de la voir manger avec eux à table.

Enfin nous trouvons dans la dernière apparition une promesse qui jusqu'à ce jour n'a jamais manqué de s'accomplir. La Sainte Vierge lui dit : « Chaque fois que tu te sentiras la » force d'assister aux offices, même hors du samedi, ne crains » pas d'y assister, car Dieu ne permettra jamais que tu sois » interrompue par une crise vomitive durant l'office. » Jamais en effet jusqu'à ce jour (décembre 1882) Joséphine n'a eu de crise de vomissement dans l'église, quelque longs que fussent les offices auxquels elle assistait. Pourrait-on ne voir là que l'effet du hasard ?

« A demain matin » avait ajouté la Sainte Vierge. Cette bonne Mère donnait à sa chère enfant rendez-vous pour le lendemain. Elle n'y manqua point.

CHAPITRE VII.

14e, 15e, 16e et 17e Apparitions. — Rose perdue et retrouvée.

Le lendemain, fête de la Purification de la Sainte Vierge, à huit heures du matin, 40 personnes se trouvaient dans la chambre de la voyante, Comme on terminait la prière en commun, tout à coup elle tombe en extase, à genoux et les mains jointes. La Sainte Vierge lui apparaît vêtue de blanc, portant de la main droite une couronne de roses blanches, de la main gauche une croix noire plus grande que celle de la veille. C'était la 14e apparition. D'une voix très douce, la Reine des Anges dit à la voyante :

« Parle, mon enfant. »

La voyante adresse cette demande involontairement et sans y avoir pensé à l'avance.

— Eh ! bien, ma bonne Mère, puisque vous êtes véritablement ma Mère, ayez donc la bonté, s'il vous plaît, d'opérer quelque chose de plus miraculeux, afin que les incrédules croient et se convertissent.

La Sainte Vierge répond :

« Dieu n'a pas besoin de se soumettre davantage à son peu-
» ple. Il est le Maître et il sait bien ce qu'il a à faire. Du reste,
» ne va pas troubler ta conscience à ce sujet. Laisse les incré-
» dules qui sont inquiets s'agiter tant qu'ils voudront. Pour
» toi, suis toujours la ligne que je t'ai tracée, tu ne craindras
» pas de t'égarer, et à la fin de ton pèlerinage, tu ne rendras
» compte tout simplement que pour toi et non pas pour les
» autres. On trompe les hommes sur la terre, mais on ne
» trompe pas Dieu. Il voit tout ce qui se passe ; il connaît les
» cœurs les plus purs et les plus impurs. Il sait ce qu'ils disent,
» ce qu'ils pensent, ce qu'ils désirent, et à quoi ils passent
» leur temps. Puis, à la fin de leur carrière, il les jugera lui-
» même. »

Elle s'arrête et reprend :

« Hier, ma chère fille, je t'ai fait des reproches et aujour-
» d'hui je viens te consoler, non pas pour te donner de l'or-
» gueil, mais pour t'encourager encore davantage. Cette tris-
» tesse, cette affliction, cette amertume qui remplissaient au-
» trefois ton cœur en voyant arriver la douleur n'existe plus.
» Je suis contente de ton calme et de ta résignation. Courage,
» ma fille, je viens t'aider à porter ta croix si lourde ; je
» viens partager toutes les larmes que tu as versées et
» que tu dois encore verser ! Je viens partager toutes les
» peines, les humiliations, les privations, les tribulations

» que tu as reçues et que tu dois encore recevoir. Courage,
» ma fille, toutes ces souffrances sont des roses qui formeront
» ta couronne. J'ai connu et porté avant toi le douloureux far-
» deau de la croix qui te fait gémir. Ranime ton courage et
» lève les yeux vers le Ciel. C'est là que règne la récompense
» promise à tes longues douleurs ! »

Elle s'arrête de nouveau et reprend :

« Tu vois, ma chère enfant, que tu n'es pas encore délivrée
» des peines de ce monde ; tu seras châtiée, calomniée, mé-
» prisée jusqu'à ton dernier soupir ! Mais quand bien même tu
» devrais être emprisonnée, lapidée, martyrisée, ne manque
» jamais de confiance, car un seul instant d'infidélité suffirait
» pour te faire perdre ta couronne.

» Lève-toi et viens toucher cette croix, afin qu'elle te donne
» la force et le courage de porter la tienne. Touche aussi la
» couronne, afin qu'elle te prouve comme elle sait bien calmer
» les douleurs de la croix.»

A ces dernières paroles, la voyante se leva brusquement, ses
mains se crispèrent ; elles semblaient toucher un objet invisible
qui lui causait un mal affreux. Les personnes présentes furent
très frappées de ces mouvements. La vision alors disparut, et
Joséphine revint de son extase. Elle déclara plus tard qu'en
touchant la croix, elle avait ressenti dans ses mains et dans
tout son corps la douleur d'un feu très vif ; mais qu'en touchant
un seul instant la couronne, elle avait ressenti une grande
consolation, et que toutes ses douleurs avaient disparu.

15e Apparition. (*Le 25 mars 1878*).

Le 25 mars, fête de l'Annonciation, Joséphine, dans sa
chambre, au milieu de 35 personnes, finissait les prières pré-
paratoires à la sainte communion, lorsque tout à coup elle

tombe en extase. La Sainte Vierge lui apparaît vêtue de blanc comme à l'ordinaire ; elle est sérieuse. Elle a sur la poitrine un cœur transpercé de sept flèches ; à la main gauche une croix noire, à la main droite, une couronne de roses blanches, mais il y manque une rose. Elle lui dit :

— Vois-tu ce qui manque à ta couronne ?

JOSÉPHINE.— C'est une rose.

— « Fais bien attention de ne pas perdre la couronne en-
» tière, car cette rose qui lui manque est une marque de ton
» infidélité. Comment ! après t'avoir prévenue de tout ce qui
» doit t'arriver, au moment de l'épreuve tu te laisses aller au
» désespoir et à l'impatience ? Il est vrai que tu peux sentir de
» l'ennui, du chagrin et verser des larmes, mais je veux que
» tu conserves le calme, la patience et le courage. Si Dieu t'a
» choisie pour victime, ce n'est pas pour que tu éprouves du
» bonheur et de la joie en ce monde. Ne t'ai-je pas recommandé
» de dire adieu à la terre et de t'éloigner des plaisirs trom-
» peurs qui ne laissent dans le souvenir et dans le cœur de
» ceux qui les acceptent que de l'ennui et du remords ? Eh
» bien ! tant que tu ne fouleras pas aux pieds toutes les choses
» d'ici-bas, pour chercher à servir Dieu et à ne plaire qu'à Lui
» seul, tu éprouveras de l'anxiété et tu avanceras peu en
» vertu. »

La Sainte Vierge s'arrête un moment.

« Si tu ne veux pas supporter avec courage et résignation
» la croix dont Dieu t'a chargée, comment pourrais-tu sup-
» porter le feu du Purgatoire ? Car souviens-toi que nul n'en-
» trera dans le royaume des cieux sans être purifié en cette
» vie ou en l'autre. »

La Sainte Vierge s'arrête encore un instant.

« Viens de nouveau toucher cette croix, afin qu'elle te prouve
» encore davantage que tes souffrances ne sont rien en compa-
» raison de celles du Purgatoire. »

La voyante se lève et va toucher la croix ; elle ressent dans tout son être une douleur très vive : douleur physique, douleur morale.

« Eh bien ! mon enfant, applique-toi à porter ta croix, afin
» d'éviter celle-ci qui est mille fois plus lourde que la tienne.»

La voyante se retire un peu, se remet à genoux et dit :

« Oui, ma bonne Mère, je m'y appliquerai !... Je vous de-
» mande pardon : Je suis une ingrate et indigne que vous pa-
» raissiez devant moi.»

Ces dernières paroles furent entendues des assistants. Ils virent aussi les gestes, les mouvements de la voyante lorsqu'elle touchait la croix.

« Oui, ma fille, Dieu te pardonne la faute commise ; calme
» tes inquiétudes envers les objections ridicules que l'on peut
» te faire sur ce que je t'annonce et opère en toi. Ne te trouble
» pas, rassure ton âme tremblante : *Je suis Notre-Dame des*
» *Sept Douleurs !*»

Les larmes coulent des yeux de la Sainte Vierge.

« Je désire avec ardeur être honorée en cette paroisse. Mes
» douleurs ne sont pas assez connues, et beaucoup de ceux qui
» les connaissent ne les honorent et ne les respectent pas
» assez. Mon cœur est transpercé tous les jours d'un nouveau
» glaive ! Il est outragé comme il ne l'a jamais été par les pé-
» cheurs ingrats et rebelles. Mais ce qui m'afflige le plus, c'est
» de voir tant de chrétiens qui portent le nom de fidèles, abu-
» ser des sacrements, manger si souvent une viande divine
» avec de mauvaises dispositions ! Oui (*Elle lève les yeux au*
» *ciel*), je tremble de voir mon divin Fils profané par des
» communions indignes et sacrilèges ! Pauvres pécheurs (*Elle*
» *appuie sur ces paroles et les suivantes en jetant ses re-*
» *gards attristés sur l'assistance*), souvenez-vous que les
» péchés les plus secrets deviendront publics au jour du ju-
» gement !»

Elle s'arrête un instant et continue :

« Surtout ne crains pas de proclamer ma gloire et tout ce
» que je t'annonce. Va, ne crains rien : je serai ta force, ton
» soutien, ta consolation, au milieu de tes plus grandes afflic-
» tions.»

La voyante interrompit :

« Mais, ma bonne Mère, on ne veut pas me croire; on vou-
» drait d'autres preuves.»

« Prends courage, mon enfant, c'est en combattant que l'on
» remporte la victoire. Que t'importe ce que les incrédules
» peuvent dire de toi? Au reste, nous leur donnons le temps
» d'examiner et d'étudier le fait, et, par la suite, ils verront si
» cela n'est pas une marque de ma puissance.»

Elle s'arrête un moment,

« Surtout ne lie pas ton cœur au monde ; sois toujours prête
» à le quitter ; confie-toi et attache-toi uniquement à ton divin
» Rédempteur. Quand tu seras dans la tristesse, accablée par
» le fardeau de la douleur, tu contempleras la Passion du
» divin Sauveur du monde, et les sept douleurs de mon pauvre
» cœur. Et là tu verras si tes souffrances sont comparables
» aux nôtres. Que la résignation soit ton partage, car tu ver-
» seras des larmes jusqu'à ta dernière heure.

« Dis à ton confesseur qu'il partage avec toi tout ce que je
» viens de t'adresser, et que n'importe de quelle croix Dieu
» charge son serviteur, il doit la supporter avec courage, pa-
» tience et résignation, afin de mériter la couronne éternelle.
» Qu'il s'applique bien à supporter toutes les calomnies qui
» lui sont faites à ce sujet. Sa couronne n'en sera que plus
» brillante.»

La Sainte Vierge disparaît en promenant ses regards sur
les assistants. Pendant que la voyante touchait la croix, une
dame voulut essayer de redresser ses doigts crispés, mais

elle ne put y réussir. Les personnes présentes la virent porter ses regards sur chacune d'elles, lorsque la Sainte Vierge les regardait.

M. le docteur Manceau, qui se trouvait présent, constata parfaitement l'état extatique de la voyante, sans y reconnaître aucun symptôme de l'hystérie. Il prit le pouls, pinça fortement le bras, toucha et releva les paupières ; la voyante resta dans une insensibilité complète. M. le docteur défie tous ses confrères de découvrir en Joséphine un seul signe d'hystérie, et il déclare que tous ces faits sont inexplicables naturellement.

MM. les docteurs Boucher, de Sancergues, Chamaillard, de Sancerre, Vigne, étudiant de 5e année, qui ont vu et examiné de près Joséphine, déclarent, comme M. Manceau, que tous ces faits sont naturellement inexplicables.

16e APPARITION. (*Le* 12 *avril* 1878.)

Le 12 avril, fête de la Compassion de la Sainte Vierge, vers sept heures et demie du matin, Joséphine priait dans sa chambre, avec 46 visiteurs, parmi lesquels se trouvait encore M. le docteur Manceau. Tout à coup, on l'entend pousser un cri de douleur et elle tombe en extase, à genoux et les mains jointes. La Sainte Vierge lui apparaît assise, tenant sur ses genoux et sur ses mains le Christ descendu de la croix. Sa robe très ample ressemble à un suaire sur lequel repose le corps inanimé de son divin Fils. A sa gauche, aux pieds du Christ, tous les instrument de la Passion suspendus à une grande croix qui est debout et encore sanglante ; à sa droite, par terre, la couronne d'épines tombée du front du divin Crucifié. Notre-Dame de Compassion a sur la poitrine un cœur transpercé de sept flèches. Elle s'exprime en ces termes :

« Vois, ma chère enfant, ce que la barbarie des hommes
» nous causa et nous cause encore incessamment. Je vois tous
» les jours les blessures, la Passion et la mort de mon divin
» Fils, non seulement renouvelées, mais encore rendues inu-
» tiles par une ingratitude, une indifférence, une impiété,
» une incrédulité sans bornes. Presque tous les chrétiens
» nous méprisent, nous refusent et nous méconnaissent. Nous
» n'éprouvons de leur part que les outrages les plus indignes
» et les plus sanglants. Aussi Dieu leur envoie ses avertisse-
» ments, mais malheur à ceux qui n'en profiteront pas !
» Oui, je le répète, si le peuple ne cesse pas de violer les
» commandements de Dieu et de l'Eglise, la France est à
» la veille d'être châtiée, car il m'est impossible de retenir
» plus longtemps le bras de mon divin Fils. Et par consé-
» quent, dis bien à ton confesseur et directeur, que je de-
» mande une confrérie et une communion réparatrice par
» toutes les âmes pieuses et fidèles, en faveur des pauvres
» pécheurs qui scandalisent et profanent si souvent mon di-
» vin Fils, même dans le sacrement de son amour ! J'invite
» aussi toutes les bonnes âmes à s'unir de cœur à toutes les
» intentions que je t'adresse, afin d'obtenir la conversion de la
» France, d'apaiser la colère de Dieu et qu'il daigne mettre
» la paix dans son Eglise.

» Approche-toi, mon enfant, et viens de plus près contem-
» pler les plaies innombrables et si profondes du Sauveur du
» monde et les blessures de mon pauvre cœur que tout vos
» péchès nous font si souvent ressentir. »

A ces paroles, la voyante s'approche en marchant sur ses
genoux et elle voit les yeux du Christ fermés ; le corps est
vermeil et couvert de plaies fraîches et béantes. Les 46 témoins agenouillés, suivent avec émotions les mouvements de
la voyante. Son visage est empreint d'une tristesse inexpri-

mable, ses yeux sont mouillés de larmes, en contemplant les plaies innombrables et si profondes du Sauveur du monde. M. le docteur Manceau déclare qu'il n'y a pas eu jusqu'ici d'extase comparable à celle de ce jour. Joséphine voyait *réellement* Notre-Dame de Compassion et non pas seulement en *imagination*. Elle lui dit :

— O ma bonne Mère, que vos souffrances me sont pénibles !

La Sainte Vierge répond :

« O mon enfant, que vos péchés nous sont douloureux !
» Oseras-tu te plaindre ? Au contraire, tu dois te trouver
» heureuse que Dieu ait bien voulu te choisir pour victime,
» afin de pouvoir compatir à nos souffrances ! »

La Voyante. — Oui, ma bonne Mère, je suis heureuse et je vous promets de ne plus jamais me plaindre.

Le silence se fait un instant entre la Sainte Vierge et la voyante, puis celle-ci lui fait cette demande :

— Permettez-moi, ma bonne Mère, s'il vous plaît, de toucher cette couronne :

La Sainte Vierge répond : « Non, ma fille, cette couronne
» est trop piquante et en même temps trop précieuse ; elle ne
» t'appartient pas. »

La Sainte Vierge s'arrête... La voyante reprend :

— O ma bonne Mère, que je serais heureuse si vous vouliez me permettre de toucher seulement le pied de cette croix !

La Sainte Vierge : « Non, mon enfant, cette croix est trop
» pesante ; tu ne peux la toucher ! »

A ce moment, la voyante adressa à la Sainte Vierge, nous a dit M. le Curé, une demande dont je l'avais chargée la veille. Si demain, lui avais-je dit, vous devez revoir l'*Apparition*, vous lui poserez cette question : mon confesseur doit-il mettre à exécution ce qu'il vous demande ? — L'*Apparition* répondit :

« Oui, mon enfant, je le désire ; mais voici ce que tu diras à

» ton confesseur : que je lui ordonne de s'adresser au prélat et
» qu'il ne craigne pas de lui confier toutes ses peines, ses
» craintes et ses inquiétudes, tout ce que je t'annonce et opère
» en toi, et il suivra tout simplement les conseils qui lui seront
» donnés. »

Cette réponse, dit M. le Curé, me frappa beaucoup et me
fortifia dans la conviction que celle qui apparaissait était bien
réellement la Sainte Vierge. Car voici ce que je lui demandais,
dans mon esprit :

«Au milieu des contradictions et des difficultés qui m'environnent, dois-je m'adresser à Monseigneur pour obtenir l'autorisation d'établir dans ma paroisse la confrérie de Notre-Dame des Sept-Douleurs. »

Or, ajoute-t-il, Joséphine ignorait et ignore encore quel était l'objet de ma demande. —

Depuis le jour de la fête de la Compassion jusqu'à Pâques, Joséphine resta tremblante et comme accablée sous le coup de l'impression que lui avait causée cette apparition. Le spectacle du corps de Jésus-Christ détaché de la croix, sanglant et couvert de plaies, sur les genoux et les bras de Notre-Dame des Sept-Douleurs, ne pouvait s'éloigner de son souvenir. Elle en pleurait jour et nuit. On aurait dit qu'elle assistait au supplice du Calvaire. Malgré ses vomissements, répétés jusqu'à 20 et 30 fois dans la même journée, elle ne manqua à aucun des offices de la semaine-sainte. Pendant la nuit du jeudi-saint, qu'elle tint à passer près du très Saint-Sacrement, elle édifia ses compagnes. Priée par elles de faire la lecture, les sanglots étouffaient sa voix, chaque fois qu'elle rencontrait un passage ayant trait à la Passion. Alors, dans la crainte d'importuner, elle se retirait à l'écart pour donner libre cours à sa douleur.

Aux fêtes de Pâques, tous remarquaient sur son visage les traces frappantes de sa tristesse et de ses larmes. Elle ne fut

⁂

pleinement consolée que le premier jour du mois de Marie, par une nouvelle apparition.

17ᵉ APPARITION. — (Le 1ᵉʳ mai 1878.)

Il était trois heures du soir, quelques bonnes âmes chantaient avec Joséphine un cantique à la Sainte Vierge. Soudain, la voyante se met à genoux, en faisant entendre un cri d'admiration et de bonheur. La Sainte Vierge est là, rayonnante de joie, le front couronné de lis blancs entremêlés de feuilles vertes. Sa robe est d'une blancheur éblouissante; de la main gauche elle tient une toute petite croix noire, de la main droite une couronne de roses blanches. Elle garde le silence, laissant la voyante l'admirer un instant; puis elle lui dit :

« Ma chère fille, c'est aujourd'hui que commence le beau
» mois de Marie, et, à ce sujet, calme la tristesse de ton âme
» et pense à m'honorer et à me faire honorer. Surtout continue
» à te conduire et à persévérer comme depuis mon Annoncia-
» tion jusqu'à ce jour. Car ta rose perdue est retrouvée. Tu
» vois qu'elle a repris sa place inoccupée. Ainsi, durant ce
» beau mois, qui m'est cher, Dieu te donne un grand soulage-
» ment en mon honneur, sans que tu l'aies demandé. Tu n'au-
» ras jamais plus de 7 crises de vomissement par jour, et tu
» ne vomiras pas une goutte de sang. Tes vomissements ne se-
» ront composés que de glaires et de bile.

» Et sois sans inquiétude envers toutes les contradictions.
» En ce moment, tu es encore troublée. Je ne cesserai de te
» répéter que tu dois chercher à ne plaire qu'à Dieu, car c'est
» lui qui te jugera et non pas les hommes. Tu peux dire à haute
» voix que nous ordonnons aux plus grands savants d'opérer
» sur une autre personne les mêmes merveilles que nous opé-
» rons en toi, et s'ils réussissent bien, nous leur permettrons
» de dire que ce fait est entièrement faux.

« Lève-toi, mon enfant, et viens toucher cette couronne; elle
» calmera tes souffrances.»

La voyante se lève et va toucher la couronne. Elle ressent
une grande fraîcheur, éprouve du soulagement; elle était souf-
rante depuis plusieurs jours, et notamment à l'heure de l'apparition. Elle se remet à genoux. La Sainte Vierge lui dit:

« Retire-toi et présente-moi ton enfant, qui m'est chère.»

La voyante approcha son enfant en marchant sur ses genoux. Une force invincible lui inclina la tête sur l'épaule de
son enfant, en sorte qu'elle ne put pas voir ce qui se passa
entre elle et la Sainte Vierge. La petite fille alors n'était âgée
que de cinq ans et demi, et elle ne se souvient plus de ce
fait. Joséphine se relève et se retire. Alors la Sainte Vierge
lui dit :

« Je reviendrai te visiter le 13 et le 31 de ce mois, vers trois
» heures du soir. Surtout grande humilité, obéissance et
» patience.»

La Sainte Vierge alors promène ses regards bienveillants sur
tout le monde et disparaît.

Qui n'admirerait ici la bonté toute maternelle de Marie ?
Elle s'adresse à une mère, et elle sait que le plus grand plaisir
qu'on puisse faire à une mère, c'est de caresser et de bénir
son enfant. Voilà, sans nul doute, ce que fit la Mère toute
amour, puisqu'elle a déclaré à cette mère *que son enfant lui
est chère.* Heureuse la mère et heureuse l'enfant qui furent
l'objet de ces attentions délicates de la Mère tout aimable !

Inutile de dire que le changement, dans la nature et le
nombre des vomissements, arriva, pendant tout le mois de mai,
exactement comme la Sainte Vierge l'avait promis. Ce changement si nouveau et si imprévu, arrrivant juste au mois de
mai, achève de dérouter les médecins qui s'obstineraient encore à regarder ces vomissements comme l'effet d'une maladie
naturelle.

CHAPITRE VIII.

18ᵉ Apparition. (Le 13 mai 1878.)

Dans la dernière apparition, la Sainte Vierge avait dit à Joséphine : « Je viendrai te visiter le 13 et le 31 de ce mois de » mai, vers trois heures du soir.» Pourquoi avait-elle ainsi annoncé le jour et l'heure de ces deux apparitions, si ce n'est parce qu'elle désirait qu'il y eût beaucoup de témoins ? Ce désir de Notre-Dame des Sept-Douleurs fut satisfait.

En effet, le 13 mai, vers trois heures du soir, environ 1,000 personnes de toutes conditions, accourues de la paroisse et des environs, se pressaient autour de la maison de la voyante, au Jarrier. Mais hélas! une cinquantaine seulement purent entrer dans la chambre des apparitions. Au nombre de ces témoins privilégiés, se trouvaient deux médecins, M. Manceau et M. Chamaillard, qui étaient venus là tout exprès, afin d'examiner la voyante pendant son extase, et de rendre compte ensuite de leurs observations. Il convenait, en effet, que ces événements extraordinaires fussent contrôlés par la science, afin qu'il fût bien constant aux yeux de tous qu'ils n'avaient pour cause aucune maladie, comme aussi afin d'écarter tout soupçon de supercherie. Mais ici, remarquons-le bien, on avait eu la sagesse de ne pas appeler en témoignage la science athée, la science matérialiste, déterminée d'avance à fermer les yeux à la lumière et à nier le surnaturel quand même. C'était la science chrétienne, et par conséquent la science vraie, qui avait été convoquée dans la personne de M. Manceau et de M. Chamaillard. Et la science chrétienne, par la bouche de ses deux éminents représentants, a prononcé son verdict sur les événements de Boulleret ; elle a déclaré qu'ils n'ont pour cause ni la maladie, ni encore moins la supercherie, et qu'ils sont inexplicables naturellement.

Le plus parfait recueillement régnait dans la chambre de la voyante, comme au dehors parmi la foule. On pressentait un événement miraculeux, un message céleste, et l'on priait. Quelques minutes avant trois heures, les personnes qui étaient dans la chambre se mirent à réciter le chapelet avec la voyante· On arrivait à la troisième dizaine, quand on la voit tomber brusquement à genoux, en s'écriant : « O ma bonne Mère!... » Elle était en extase. Une indicible expression de tristesse et de douleur se peint dans ses traits et dans ses regards. Tout à coup, on l'entend prononcer distinctement et avec une grande énergie cette parole : *disparaissez!* Tantôt ses yeux fixent l'apparition visible pour elle seule, tantôt elle les promène inquiets et brillants un peu au-dessus des assistants agenouillés.

Au bout d'un moment, on la voit se relever toute tremblante, faire un pas en avant et contempler un objet invisible, qui lui cause une peine extrême. Les muscles de son visage se contractent, et les assistants émus et silencieux se demandent ce qui va arriver. Bientôt la voyante se remet à genoux, cache sa tête dans ses mains, et on l'entend prononcer ces paroles entrecoupées de sanglots : *Aussi grave!... Oh! non, jamais je n'oublierai un pareil souvenir!*

Bientôt après, la scène change. La voyante baisse la tête, la relève et montre un visage rayonnant de joie et de bonheur. Tous les assistants, et en particulier les deux médecins, sont frappés de cette subite transformation. Dès lors, ses yeux ne quittent plus l'Apparition, qui lui parle, car on voit qu'elle

✳✳✳

l'écoute, et que tout son être est comme suspendu à ses lèvres. Enfin, les assistants sont très surpris de l'entendre adresser très lentement et très distinctement cette demande à la Sainte Vierge : *Est-ce vous, ma bonne Mère, qui êtes apparue à la Salette, à Lourdes et à Pellevoisin?* (1) Une minute après, elle revient de son extase et finit tranquillement la récitation du chapelet avec les assistants.

Mais déjà l'émotion du dedans s'était communiquée au dehors, à la foule anxieuse qui attendait la fin de l'apparition. De tous côtés, on demande à connaître les paroles de la Reine du Ciel. Joséphine alors se présente à une fenêtre, et, d'une voix claire et sonore, elle répète à la foule silencieuse et attendrie toutes les paroles de la Sainte Vierge, qui donnent en même temps l'explication de tout ce que l'on a vu et entendu pendant l'apparition.

Quelle prédication a-t-elle jamais ressemblé à celle-là? L'auditoire pleurait en écoutant la voyante ; et l'on croyait entendre un ange descendre du ciel, ou plutôt la Sainte Vierge elle-même qui parlait par sa bouche.

Joséphine commence par faire le portrait de Celle qui lui est apparue : Elle était vêtue d'une robe blanche ; Elle avait sur la poitrine un cœur transpercé de sept flèches ; ses bras entr'ouverts, ses yeux fixés au ciel. Elle pleurait. Alors la voyante lui dit : *Si vous êtes... disparaissez !* Elle voulait dire : *Si vous êtes le démon, disparaissez !* Mais la Sainte Vierge ne permit pas qu'en sa présence ce nom maudit fût prononcé. Il est à remarquer que la voyante n'avait pas eu, avant l'apparition, l'intention d'adresser à sa bonne Mère cette question, qui était loin de sa pensée.

---

(1) On lui avait suggéré avant l'apparition d'interroger sur Pellevoisin.

La Sainte Vierge alors baisse les yeux sur la voyante et répond :

« Je suis Reine des martyrs ! (1) Et qui me cause ce martyre,
» ce cœur transpercé de sept glaives et tout embrasé de flam-
» mes, et ces larmes limpides ? Ce sont les crimes de tous les
» pauvres pécheurs, l'endurcissement et l'indifférence de beau-
» coup de ces enfants que je vois à mes pieds et qui, au lieu
» de m'honorer avec le plus grand recueillement, ne sont pour
» moi que des enfants ingrats et dénaturés. Au lieu de m'of-
» frir leur cœur et leurs prières, ils m'offrent un calice
» d'amertume et transpercent mon cœur d'un nouveau glaive.

» Pauvres enfants, vous préférez les vaines joies du monde,
» qui vous causeront de grandes peines, aux pures délices de
» votre tendre Mère, qui voudrait vous couronner de fleurs et
» vous abriter sous son manteau virginal ! O mes chers en-
» fants, quels graves péchés vous commettez, que vous prenez
» pour des fautes légères, et qui causent de graves blessures à
» mon cœur ! »

La Sainte Vierge s'adresse à Joséphine et lui dit :

« Lève-toi, mon enfant, et viens contempler ce que ta faute
» la plus légère me fit ressentir.»

A ces mots, la voyante se relève et s'approche de la Sainte Vierge, qui lui fait voir sur son cœur une légère égratignure et ajoute :

« Maintenant vois les blessures que ton péché le plus
» grave causa à mon cœur. » (2)

A ce moment son cœur s'entr'ouvre par une large blessure, et elle reprend :

---

(1) On célébrait, ce jour-là, dans le diocèse de Bourges, la fête de Notre-Dame des Martyrs, bien connue des enfants de Marie.

(2) Dans l'apparition du 9 avril 1877, nous avons fait connaître ce péché.

« Et cependant ce péché, tu ne le croyais pas aussi grave.
» Tu le connais, mon enfant, tu sais que je t'en ai fait des
» reproches. Eh bien ! ces reproches je les fais non seule-
» ment à toi, mais à toutes les personnes qui ont le malheur
» de le commettre. Car ce péché est celui qui conduit le plus
» souvent au sacrilège. »

La voyante dit : « O ma bonne Mère, que je suis malheureuse
» d'avoir été si ingrate envers vous ! Comment ai-je eu le
» courage de vous faire une blessure aussi grave ! Oh ! non,
» jamais je n'oublierai ce triste souvenir !

La Sainte Vierge dit : « O ma chère fille, celle qui te
» donne cette tristesse saura bien te l'enlever. »

Joséphine dit : « O ma bonne Mère, qui êtes si bonne, si
puissante, je vous en supplie, ayez donc la bonté d'opérer
quelque chose de plus éclatant... »

La Sainte Vierge l'interrompt : « Sois en paix, mon enfant,
» nous ne sommes pas encore à la fin des siècles. Le moment
» viendra où l'on reconnaîtra la vérité. Dieu ne permet pas
» que tous ces faits miraculeux se ressemblent. Ici, il choisit
» une victime qui doit souffrir pour les pécheurs, et l'on n'est
» vraiment victime que par la persécution ; et si Dieu avait
» voulu, il aurait bien pu te rendre victime sans que je t'appa-
» russe. Mais s'il daigne me faire descendre sur la terre, c'est
» pour avertir les pauvres pécheurs et leur faire comprendre
» qu'ils sont dans de grands dangers. Comment veux-tu que
» le riche ouvre sa porte si le pauvre n'y frappe ? Comment
» veux-tu que j'accorde des grâces si l'on ne m'en demande !
» J'ai ordonné de m'invoquer sous le titre de Notre-Dame-des-
» Sept-Douleurs : cette œuvre est-elle bien accomplie ? Il est
» vrai que beaucoup de personnes se sont munies de chapelets;
» j'en suis satisfaite. Mais parmi ces personnes combien y en
» a-t-il qui le récitent du bout des lèvres et non du fond du

» cœur ? Du reste, toi la première, mon enfant, comment
» veux-tu que j'accorde des grâces à des personnes qui ne
» veulent pas prendre le temps de me prier, ou qui ne me
» prient qu'avec défiance, et qui ne mettent pas leur confiance
» en moi ? D'abord bien des personnes viennent te voir pour
» se recommander à tes faibles prières, et la plupart de ces
» personnes ne prient pas elles-mêmes pour les grâces qu'elles
» demandent. Elles voudraient bien récolter, mais sans semer. »

La Sainte Vierge à l'assistance : « Eh bien ! mes chers en-
» fants, frappez, l'on vous ouvrira ; demandez, vous recevrez ;
» car les trésors de mon Fils sont ouverts et inépuisables. Et
» voici ce que vous devez demander préférablement : la con-
» version des pécheurs, le salut de votre âme, et le reste vous
» vous sera donné en surcroît.

La Sainte Vierge à Joséphine : « Baisse les yeux vers la
» terre. »

La voyante baisse les yeux. Un moment après la Sainte
Vierge lui dit : « Ma chère fille ? » Joséphine la regarde, elle
était transformée. Elle avait une toute petite croix noire à la
main gauche, une couronne de roses blanches à la main
droite et sur la tête une couronne de lis blanc. Elle était
souriante, et elle lui dit :

« Cette couronne, il n'y a que toi qui as le bonheur de la
» voir en ce moment ; mais plus tard, au ciel, elle reposera
» sur bien des têtes qui sont là recueillies à mes pieds ;
» et par conséquent, que toutes ces bonnes âmes qui me sont
» fidèles et dévouées redoublent de ferveur et s'efforcent de
» prier pour tous ces pauvres pécheurs qui refusent de rece-
» voir sur leurs cheveux blanchis la couronne d'une éternelle
» gloire. »

« Eh bien, mes chers enfants, priez, priez, car vous en
» avez besoin. »

La voyante alors dit à la Sainte Vierge:

Ma bonne Mère, êtes-vous bien Celle qui est apparue à la Salette, à Lourdes et à Pellevoisin ?

« — Oui, ma fille, je suis bien Celle qui est apparue à la » Salette, à Lourdes et..... » (La voyante ne comprit pas pour Pellevoisin.)

La Sainte Vierge disparaît en lui disant :

« Le 31 mai, je t'apparaîtrai dehors. »

On demandera peut-être pourquoi la Sainte Vierge n'a pas répondu clairement pour Pellevoisin comme pour la Salette et pour Lourdes. La réponse nous paraît facile. C'est que ses apparitions à la Salette et à Lourdes sont déjà reconnues par l'Eglise, tandis que son apparition à Pellevoisin ne l'est pas encore. La Mère et la Maîtresse de l'Eglise est aussi la Mère et la Maîtresse de l'humilité et de l'obéissance. Voilà pourquoi elle n'a pas voulu, par une réponse claire et catégorique, devancer le jugement de l'Eglise, qui doit être manifesté aux fidèles par le jugement canonique de leur Evêque.

Il est à remarquer cependant que la Sainte Vierge ne nie pas qu'elle soit apparue à Pellevoison. Or, peut-on croire que si c'était le démon qui fût apparu là, et non pas elle, elle n'en aurait pas averti la voyante, à qui elle déclarera dans la suite qu'elle la protège contre les embûches et les ruses du démon ? D'ailleurs, nous verrons dans l'apparition suivante, que la voyante renouvelant la même question : *Etes-vous Celle qui est apparue à Pellevoisin ?* la Sainte Vierge répond : « Mais pourquoi Pellevoisin ne serait-il pas persécuté ? » C'était affirmer implicitement qu'elle y est réellement apparue.

Avant l'apparition du 13 mai, quelqu'un avait suggéré à la voyante la pensée d'interroger la Sainte Vierge sur Pellevoisin. Mais comme elle n'avait pas bien entendu la réponse, on lui dit de renouveler cette question une seconde fois, le 31 mai. C'est alors qu'elle obtint de la Sainte Vierge la réponse que nous venons de citer.

CHAPITRE IX.

19ᵉ Apparition. (Le 31 mai 1878.)

A la fin de la précédente apparition, la Sainte Vierge avait dit à la voyante : *Le 31 de ce mois, je t'apparaîtrai dehors.* Or, soit crainte de faire dire aux incrédules que tout cela n'était que supercherie et qu'elle faisait apparaître la Sainte Vierge où elle voulait, soit par une mauvaise inspiration du démon qui, jaloux de cette œuvre, aurait voulu la détruire, Joséphine n'osa pas, le 13 mai, manifester au public cette circonstance importante que l'apparition du 31 mai aurait lieu *dehors* et non dans la chambre. Elle le dit bien, quelques jours après, à son confesseur ; mais c'était trop tard pour le faire savoir au public. Nous allons voir que la Sainte Vierge lui fit des reproches de n'avoir pas dit qu'elle lui apparaîtrait *dehors*. Assurément, si on avait connu cette circonstance, le désir d'être témoin d'un fait aussi extraordinaire, aurait attiré au Jarrier bien des milliers de personnes. Néanmoins, le 31 mai, environ trois mille se trouvèrent réunies sur une prairie située à côté de la maison de la voyante. C'est là que la Sainte Vierge avait promis d'apparaître. On avait eu la sage précaution de former au milieu de la prairie un petit enclos avec des pieux plantés en terre pour y placer la voyante et la préserver contre le trop grand empressement de la foule.

Là se voyaient confondus tous les rangs et toutes les classes de la société. Dans l'intérieur du petit enclos, on voyait M. le docteur Chamaillard, qui avait déjà assisté à l'apparition du 13 mai.

Mais il manquait au milieu de cette multitude celui qui aurait dû, ce semble, se trouver des premiers sur les lieux : c'était M. Rousseau, le curé de la paroisse, le sage et prudent directeur choisi par la Providence pour diriger Joséphine dans sa voie extraordinaire. L'heure de l'apparition approchait, et M. le Curé ne paraissait pas encore. Où est-il ? que fait-il ? se demandait-on de toutes parts ? M. le Curé était dans son presbytère, délibérant en lui-même s'il irait ou non assister à cette apparition.

Il est à remarquer que toutes les fois qu'il s'est agi de manifestations surnaturelles du genre de celle-ci, le clergé, en général, s'est montré plus défiant que crédule, et que, bien loin d'imprimer le mouvement à la foule, il l'aurait plutôt entravé par sa sage réserve. Ce n'est que lorsque l'évidence des faits a rendu le mouvement irrésistible, que le clergé se détermine enfin à le suivre. Ainsi avait fait l'abbé Peyramale à Lourdes, ainsi fit M. Rousseau à Boulleret.

Déjà, depuis plusieurs jours, il avait écrit à Mgr de La-Tour-d'Auvergne, archevêque de Bourges, pour l'informer qu'une nouvelle apparition avait été annoncée, comme devant avoir lieu dehors, le 31 mai, à trois heures du soir, et que, par conséquent, la foule y serait considérable. M. Rousseau demandait en même temps à Sa Grandeur quelle devait être sa ligne de conduite en cette occurrence, et s'il devait aller avec la foule assister à l'apparition.

Le 31 mai arriva, et M. le curé de Boulleret n'avait pas encore reçu de réponse de l'archevêché de Bourges. Il avait résolu par conséquent de ne point se rendre sur les lieux de l'apparition, et de laisser la foule livrée à elle-même dans cette circonstance difficile. Mais la Sainte Vierge voulait que son fidèle serviteur assistât à son apparition. A une heure de l'après-midi, une lettre de Mgr l'archevêque de Bourges fut remise à M. le curé de Boulleret. La volonté de Sa Grandeur était qu'il se rendît au lieu de l'apparition.

Aussi, grande fut la joie de la multitude, lorsqu'à deux heures et demie on vit arriver M. le Curé de la paroisse et aller prendre place, dans le petit enclos, à côté du médecin et de quelques personnes choisies. La foule était calme et recueillie, et ne faisait entendre qu'un paisible murmure, semblable à celui de la prière. C'était un spectacle vraiment grandiose et sublime qu'offrait alors ce peuple chrétien, attendant l'apparition de la Reine des Anges, au milieu de cette prairie émaillée de fleurs, entourée de grands bois de chênes séculaires, sous ce beau soleil de mai qui brillait au firmament. On se croyait transporté comme dans un monde nouveau, bien loin des misérables soucis de la terre. Le ciel allait bientôt s'ouvrir au-dessus de toutes ces têtes, et la Reine des Anges en descendre pour venir elle-même prêcher la pénitence aux hommes.

Tout à coup un murmure confus se fait entendre et les rangs de la multitude s'entr'ouvrent pour laisser passer Joséphine qui arrive accompagnée de quelques unes de ses amies. Elle s'avance modestement, la tête et les yeux baissés. Assurément dans toute cette multitude, c'est elle qui est la plus confuse et la plus humiliée. Elle aurait tant aimé rester inconnue et oubliée! Mais la Sainte Vierge l'avait appelée; elle devait obéir. On l'introduisit dans le petit enclos dont nous avons parlé. Il était trois heures moins quelques minutes. Le moment solennel approchait. Tout le monde gardait le silence. On commence à réciter le chapelet. A peine avait-on récité les deux premières dizaines, qu'on voit Joséphine à genoux et les mains jointes, tomber en extase. La Sainte Vierge lui apparaît tenant une couronne de roses blanches de la main droite, une croix noire de la main gauche ; sur le front une couronne de lis blancs entremêlés de feuilles vertes. Ses yeux sont fixés sur la voyante, et elle lui dit d'un air sérieux :

« Si j'ai daigné t'apparaître dehors, c'est parce que je dé-
» sire qu'on dresse ici une statue sous le titre de *Notre-Dame*
» *des Sept-Douleurs* ; et, à ce sujet, j'ai des reproches à te
» faire. Cela n'était pas un secret pour que tu le gardasses sous
» silence. Il te semble avoir agi avec prudence, et que c'est
» moi qui t'ai inspiré de ne rien dire. Mais c'est tout le con-
» traire ; c'est le démon, jaloux et furieux de l'œuvre de Dieu,
» et lui retirant des âmes, qui t'a empêché de le dire. Il ne
» voudrait pas que le peuple se rassemblât en ce lieu. Méfie-
» toi, car il cherche à détruire le fait miraculeux que j'y
» opère.

» Du moment que je t'ai dit de fouler aux pieds toutes les
» choses d'ici-bas, eh bien ! pourquoi t'arrêter aux contradic-
» tions du monde, plutôt que d'obéir à Dieu ? Tu sais bien que
» ce n'est qu'en Lui et en Moi seule que tu trouveras le vrai
» bonheur et la vraie consolation. Viens encore ressentir sur
» cette croix, comme ceux qui écoutent le démon paient bien
» par la souffrance tous les plaisirs, les joies frivoles et les di-
» vertissements criminels qu'ils éprouvent de sa part. »

Ici la voyante essaie de se lever pour aller toucher la croix ; mais elle se sent retenue par un être invisible. Elle se lève et tombe, se relève et retombe encore à genoux. Alors elle dit :

— Ma bonne Mère, je ne sais ce qui me retient ; il m'est impossible de vous atteindre.

La Sainte Vierge. — « Ne crains rien, mon enfant, tu es
» sous les yeux de ta divine Mère, prends courage et ne te
» laisse pas succomber. »

La Voyante. — Serait-ce le démon qui me retient ? (Ces paroles furent entendues de tous les assistants.) Si c'est toi, Satan, retire-toi.

A ce moment, la voyante fait le signe de la croix, retrouve ses forces, se lève, va toucher la croix. Elle ressent une vive douleur en la touchant et s'écrie : O ma bonne Mère, que je souffre !

La Voyante. — « Tu l'as méritée cette souffrance par ton » manque de résignation, de patience et de courage. Tu n'as pas » perdu une rose, mais tu as fané ta couronne. Retire-toi. » (Elle se retire et se remet à genoux.)

La Sainte Vierge s'arrête un instant et dit :

« Maintenant, viens reposer tes mains brûlantes sur cette » couronne si fraîche, si douce et si remplie du plus doux » parfum. Tu ressentiras la joie, le bonheur, la satisfaction » qu'éprouvent ceux qui prennent plaisir à servir Dieu avec » fidélité. »

La voyante ne peut encore se lever ; elle éprouve les mêmes difficultés ; elle essaie de se lever et elle tombe, se relève et retomble encore. Elle dit :

Serait-ce encore le démon qui me retient ? (Elle fait de nouveau le signe de la croix.)

La Sainte Vierge. — « Tout cela est inutile, ma chère » fille ; ne sais-tu pas que le chemin du ciel est semé de ronces » et d'épines, et que pour atteindre le but il faut se dé- » chirer ? »

Au moment où elle atteignit la couronne avec peine, elle dit :

« O ma bonne Mère, que vous êtes bonne pour une enfant qui est si ingrate envers vous, qui vous cause tant d'amertume ! Je vous remercie, car toutes mes souffrances et mes peines ont disparu. »

La Sainte Vierge. — « Eh bien ! ma chère fille, sois donc

» toujours humble, obéissante et patiente. Avec ces trois ver-
» tus tu arriveras à la perfection. Retire-toi. »

La Sainte Vierge s'arrête, prend un air souriant, promène
ses regards sur l'assistance et dit :

« Mes chers enfants, c'est donc aujourd'hui la clôture de
» mon beau mois. Je suis contente et satifaite de l'honneur
» que vous m'avez témoigné par votre assiduité au mois de
» Marie, par l'efficacité de vos prières et par vos bonnes
» communions. Eh bien, il ne faut pas seulement honorer
» la Mère, il faut aussi penser à honorer le Fils, afin de ré-
» parer les outrages qui lui sont faits ; car c'est demain l'ou-
» verture du mois du Sacré-Cœur de Jésus. Et voici le moyen
» de bien honorer mon divin Fils : que tous ceux qui ont le
» livre du mois du Sacré-Cœur s'appliquent et ne manquent
» pas de le faire tous les jours. Ceux qui ne l'ont pas, peuvent
» le remplacer par de bonnes lectures pieuses et d'autres
» prières qu'ils choisiront à leur facilité, et par une amende
» honorable que vous réciterez toujours en vous unissant à
» son Sacré Cœur, qui vous à tant aimés, jusqu'à répandre
» son sang pour vous racheter ; et vous ferez aussi une ou
» plusieurs communions, si votre confesseur vous en juge
» dignes. »

La Sainte Vierge regarde la voyante et dit :

« Pour toi, mon enfant, tu n'auras encore que sept crises
» par jour durant ce mois, afin de mieux honorer mon divin
» Fils ; mais avec cette différence que tu répandras du sang
» le vendredi. Il est impossible que tu ressentes les mêmes
» souffrances que durant ce mois ; car souviens-toi que le
» Fils a plus souffert que la Mère, tandis qu'il a répandu
» son sang. »

LA VOYANTE. — Mais, ma bonne Mère, on ne voudra pas
me croire. On dit que c'est moi qui fais tout cela : il y a tant

de fausses visions ! Comment voulez-vous que l'on discerne les vraies d'avec les fausses, si vous ne donnez pas des marques plus frappantes ?

La Sainte Vierge. — « Il est vrai, mon enfant, qu'il y a
» de fausses visions, par malheur ; mais il est facile de recon-
» naître les vraies comme les fausses. »

Joséphine. — Mais, ma bonne Mère, si l'on a cru à Lourdes et à la Salette, c'est parce que vous avez opéré des miracles ; et si vous n'en opérez pas ici, on ne croira pas.

La Sainte Vierge. — « Si, mon enfant, on croira, je te le
» répète, sois en paix. Dieu sait bien s'il perd ou s'il gagne
» des âmes. D'abord je te dirai pour te consoler que quel-
» ques grands pécheurs se sont convertis, et d'autres se con-
» vertiront. Beaucoup d'âmes tièdes, qui étaient à la veille de
» tomber dans l'abîme, sont devenues plus ferventes. »

La Sainte Vierge s'arrête, regarde la foule et dit :

« Parmi tout ce peuple il y a des incrédules, mais il y a
» aussi des croyants qui feront beaucoup de bien, qui t'aide-
» ront à prier pour ces pauvres pécheurs qui refusent à Dieu
» d'entrer dans la céleste Patrie, pour triompher de gloire
» pendant une éternité. Eh bien ! mes chers enfants
» continuez toujours à bien m'aimer et à bien aimer Dieu, et
» au jour de votre entrée dans le royaume des cieux, nous
» poserons sur vos fronts purifiés par la pénitence (en disant
» cela elle promenait la couronne sur les assistants) cette
» belle couronne qu'il ne m'est pas permis de rendre visible
» à vos yeux, afin de ne pas vous en faire perdre le mérite. »

La Sainte Vierge baisse les yeux sur la voyante :

« Surtout, mon enfant, suis toujours la ligne de conduite que
» je t'ai tracée, car je ne te réapparaîtrai plus, si ce n'est pour
» te consoler dans tes peines, t'encourager dans tes souffran-
» ces et au moment de ta mort. »

Joséphine dit : « O ma bonne Mère, quand est-ce que j'aurai le bonheur d'aller au ciel avec vous ? »

La Sainte Vierge. — « O ma chère fille, que me demandes-
» tu là ? Tu sais bien que ce n'est pas encore de sitôt, car tu
» es loin d'être parfaite. Tant que tu ne trouveras pas ta croix
» aussi légère que la feuille sèche qui vole dans les airs, le ciel
» ne te sera pas ouvert. »

La Sainte Vierge regardant la foule :

» O mes chers enfants, priez bien, car vous êtes à la veille
» de grandes épreuves, où tout le peuple sera ébranlé ; et ce
» n'est que par la prière que vous apaiserez la juste colère de
» Dieu. Quand vous serez au milieu des dangers, souvenez-
» vous toujours que je suis votre Mère. Implorez-moi et je
» viendrai vous secourir. »

La Voyante. — « O ma bonne Mère, êtes-vous bien Celle qui est apparue à Pellevoisin ? »

La Sainte Vierge. — « Mon enfant, mais pourquoi Pellevoi-
» sin ne serait-il pas persécuté ? »

Après un moment de silence, elle ajouta :

« Quand bien même tu recevrais toutes les plus grandes per-
» sécutions de ton bon confesseur, sois toujours reconnaissante
» envers lui auprès de Dieu, car il ne veut que le salut de ton
» âme.

» Je te recommande de prier en particulier pour beaucoup
» de prêtres et religieuses sur le compte desquels je suis indi-
gnée. »

Ayant dit cela, la Sainte Vierge disparaît et la voyante sort de son extase. Elle avait duré dix minutes. Pendant ce temps, tout le monde avait les yeux fixés sur elle, et l'on gardait le silence le plus profond. Quand on remarqua qu'elle était sortie de son extase, il se fit un long murmure d'admiration, et de toutes parts on demandait à connaître les paroles de la Sainte

Vierge. La voyante, sachant que c'était aussi la volonté de sa bonne Mère, demanda à M. le Curé la permission de parler, et elle lui fut accordée. Alors, comme une messagère céleste, d'une voix claire et sonore, elle se mit à redire toutes les paroles de la Reine du ciel. La foule, émue, attendrie jusqu'aux larmes, écoutait dans un plus profond silence. Aussi tous, même ceux qui étaient les plus éloignés, entendirent parfaitement et ne perdirent pas une parole.

Ce qu'il y a de remarquable dans cette apparition, ce sont d'abord les reproches que la Sainte Vierge adresse à la voyante, à cause de son infidélité. Ces reproches, quelque humiliants qu'ils soient, la voyante ne fait pas difficulté de les faire connaître à la multitude. L'humilité et la sincérité qu'elle montre en cette circonstance ne sont-elles pas une sûre garantie de sa sincérité quand elle rapporte les autres paroles.

Mais ici nous voulons répondre à une objection spécieuse qui a pu déjà plusieurs fois se présenter à l'esprit de quelques-uns de nos lecteurs. N'est-il pas à craindre que Joséphine oublie les paroles de la Sainte Vierge, et que, dans le récit qu'elle en fait, elle en substitue d'autres à leur place, en sorte qu'au lieu d'avoir les propres paroles de la Sainte Vierge, nous n'ayons que les rêves de l'esprit de la voyante ? Par conséquent, n'est-il pas à craindre que, de bonne foi et sans le vouloir, la voyante nous trompe en se trompant elle-même en prenant ses propres pensées pour celles de la Sainte Vierge ?

Qu'on se rassure, Joséphine ne peut pas plus oublier les paroles de la Sainte Vierge, qu'elle ne pourrait ne pas les entendre. Elle les entendrait, quand même le tonnerre gronderait à ses oreilles. Car ce ne sont pas des paroles extérieures qui frappent l'air et les oreilles ; ce sont des paroles intérieures qu'elle entend dans le fond de son âme, où le démon ni aucune créature ne peut pénétrer. Elles sont imprimées formellement et

comme burinées dans l'âme de la voyante, sans que son enten-
dement y ait aucune part. Voilà pourquoi, une fois qu'elle les
a reçues, elle ne peut plus les oublier. Elle n'a nullement besoin de les écrire. Elles sont écrites dans son esprit ; et quand
elle les répète, elle n'a aucun effort de mémoire à faire pour se
les rappeler. Elle lit simplement dans son esprit comme dans
un livre ouvert. Aussi quand elle redit les paroles de la Sainte
Vierge, les phrases se succèdent avec la plus grande facilité,
les paroles coulent de source, ce qui n'a pas lieu dans la conversation ordinaire. Alors elle a besoin de chercher les expressions, comme tout le monde.

Lorsqu'on lui demanda de redire ce que la Sainte Vierge
lui a dit, dans n'importe quelle apparition, elle le répète tout
de suite, dans les mêmes tournures de phrases et dans les mêmes termes, sans y changer une syllabe. Nous lui demandions
un jour si elle faisait des efforts de mémoire pour se rappeler
tout cela. « Non, dit-elle, je ne fais aucun effort de mémoire, et
je suis étonnée moi-même de la facilité avec laquelle je répète
des paroles que je n'ai nullement écrites et auxquelles je n'a-
vais plus pensé depuis trois ans. » Maintes fois on a essayé
de la faire se contredire. Jamais on n'a pu y réussir. — La
Sainte Vierge vous a dit telle chose. — Non, répond-elle, mais
elle m'a dit ceci. — Tel jour, lui dit-on encore, la Sainte
Vierge vous a dit telle chose. — Non, dit-elle, ce n'est pas tel
jour mais tel autre jour. — Or, toujours elle répond selon
l'exacte vérité, comme on s'en assure aisément en relisant ses
apparitions écrites. Nous sommes donc assurés que Joséphine
ne nous répète que les propres paroles de la Sainte Vierge.

En ce jour du 31 mai, la Sainte Vierge voulut encore donner
une preuve sensible et extérieure de son apparition, en disant
à la voyante : « *Tu n'auras, pendant le mois de juin, le mois*
» *du Sacré-Cœur de Jésus, que 7 crises par jour, comme*

» *pendant le mois de mai. Il y aura cependant une diffé-*
» *rence : c'est que tandis que durait le mois de mai tu ne*
» *vomissais pas de sang, mais seulement des glaires et de*
» *la bile, pendant le mois de juin tu vomiras le sang tous*
» *les vendredis, pcur signifier que mon divin Fils u plus*
» *souffert que moi.* »

Et tout cela s'accomplit à la lettre. Certes, tous ces signes merveilleux, prédits et réalisés, suffisent bien, sans autre miracle, à prouver aux plus incrédules que c'est bien la Sainte Vierge qui apparaît et non le démon.

Mais déjà cet esprit de ténèbres, cet ennemi de tout bien rugit contre l'œuvre de Dieu. Il va se déchaîner contre elle avec fureur, comme nous allons le voir dans les chapitres suivants.

CHAPITRE X.

Deux visites de l'Inconnu. — L'enquête diocésaine. — 20ᵉ apparition (le 15 Août 1878).

Le lieu où la Sainte Vierge était apparue, le 31 mai, devint un lieu sacré pour les fidèles. *Si j'ai daigné t'appa-raître dehors, avait-elle dit à Joséphine, c'est parce que je désire qu'on dresse ici une statue sous le titre de Notre-Dame-des-Sept-Douleurs.* Aussi on s'empressa de cultiver en ce lieu un massif de lauriers avec des fleurs tout autour, car il était juste que les lauriers et les fleurs rappelassent à tous les visiteurs que c'était sur cette terre bénite que la Reine des Anges, la Vierge Immaculée, avait daigné poser ses pieds célestes et s'entretenir avec les hommes pour leur rappeler leurs destinées éternelles. Mais en attendant qu'on pût, selon le désir de la Sainte Vierge, dresser en ce lieu une statue sous le titre de Notre-Dame-des-Sept-Douleurs, on se contenta de placer au milieu des lauriers une petite statue ordinaire de la Sainte Vierge. Dès lors on vit tous les jours quelques pieux fidèles venir en ce lieu offrir leurs prières à Notre-Dame-des-Sept-Douleurs, et quelques uns ont avoué depuis qu'ils y avaient reçu de grandes grâces spirituelles et une grande componction de leurs péchés. Joséphine, comme on le pense bien, ne manquait pas d'aller tous les jours à son parterre qu'elle appelait le *rond*, parce qu'il était circulaire, pour offrir à sa bonne Mère les prières les plus ferventes. Là, elle souffrait, elle pleurait souvent pour la conversion des pécheurs, et répétait cette prière qu'elle avait adressée à la Sainte Vierge le jour de l'apparition : « O ma bonne Mère, quand est-ce que j'irai au ciel avec vous ? »

Hélas ! la pauvre victime n'avait pas encore achevé de souffrir, et elle allait bientôt se trouver en butte aux plus terribles et aux plus extraordinaires persécutions de Satan. Cet esprit de ténèbres était furieux contre ce nouveau lieu de pélerinage, qui commençait à se former à Boulleret, et il voulait s'y opposer de toutes ses forces.

La Sainte Vierge elle-même en avait averti la voyante, le 31 mai, en lui reprochant de n'avoir pas dit au public que, ce jour-là, elle lui apparaîtrait *dehors*. « C'est le démon, lui » dit-elle, jaloux et furieux de l'œuvre de Dieu qui lui retire » des âmes, qui t'a empêché de le dire. Il ne voudrait pas » que le peuple se rassemblât en ce lieu. Méfie-toi, car il » cherche à détruire le fait miraculeux que j'y opère. »

La voyante est donc avertie ; elle doit se méfier du démon et se préparer à soutenir ses plus rudes assauts. Il lui apparaîtra d'abord sous une forme humaine, ensuite sous la forme d'un ange de lumière, et plus tard sous des formes horribles de divers animaux pour l'effrayer et la faire renoncer à ses visions. Il emploiera d'abord les moyens de douceur et de persuasion ; il en viendra ensuite à la persécuter d'une manière cruelle, et il ira même jusqu'à la frapper de sept coups de poignard dans la poitrine, mais sans pouvoir la faire mourir, parce que Dieu ne lui en a pas donné la permission.

Je prie le lecteur de ne pas s'étonner de ce que je dis ici, car les faits que je vais raconter se sont passés au grand jour et devant de nombreux témoins qui, sans voir ni Satan, ni son arme, voyaient avec terreur des larges blessures se former tout à coup sur la poitrine de la victime et le sang couler à flots. Mais n'anticipons point, et suivons toujours l'ordre chronologique des faits, Commençons par raconter les moyens de persuasion qu'employa le démon pour porter Joséphine à renoncer à ses visions.

Le 17 juillet 1878, le démon lui apparut sous la forme d'un étranger qu'elle ne connaissait point. Elle était loin de penser que c'était le démon lui-même ; elle ne commença à le soupçonner que dans seconde visite que le susdit personnage lui fit, le 31 du même mois. Mais laissons Joséphine nous raconter elle-même la première visite de celui qu'elle appelle l'*Inconnu*.

1re VISITE DE L'INCONNU. (*Le 17 juillet* 1878.)

Joséphine était assise près d'un chêne, à l'entrée du bois, non loin de sa maison ; elle travaillait et priait. Tout à coup elle entend un bruit de pas derrière le chêne. Elle regarde et voit un Monsieur de haute taille et vêtu de noir avec une certaine recherche. Il s'adresse à Joséphine et lui dit :

— C'est bien là le lieu où réside la visionnaire ?

JOSÉPHINE. — Oui, Monsieur.

L'INCONNU. — Je ne me trompe pas ; c'est bien vous la visionnaire ?

Jos. — Oui, Monsieur ; c'est moi.

L'INC. — Vous croyez donc bien que vous voyez la Sainte
Vierge ? Vous ne vous trompez pas ? Vous en êtes bien sûre ?

Jos. — Personne ne peut en être plus sûr que moi, puisque
c'est moi qui la vois.

L'INC. — On ne pourrait donc pas vous ôter cela de l'idée ?

Jos. — Oh ! non, jamais on ne m'ôtera cela de l'idée.

L'INC. — Si vous voulez me promettre de renoncer à tout ce
que la Sainte Vierge vous a dit, à tous les conseils qu'elle vous
a donnés, en un mot, à vos apparitions, je vous promets de
vous rendre heureuse !... Vous direz que ce sont les prêtres
qui vous ont fait faire cela en vous donnant de l'argent.

Jos. — Non, Monsieur, je ne renoncerai jamais à ce que
l'Apparition m'a dit, quand même il me faudrait mourir !...
Vous me donnez de bons conseils, Monsieur ; vous voudriez
me faire mentir.

L'INC. — C'est vrai ; vous avez raison. Ça vous déshonorerait
peut-être, et l'on vous ferait passer pour une menteuse...
Eh bien ! je m'en vais vous donner un autre conseil. Quand on
viendra vous demander le récit de vos apparitions, vous ré-
pondrez que vous ne voulez plus rien dire, que vous avez
assez parlé et que c'est une affaire finie ; que vous ne com-
mandez pas de croire ; que tout le monde est parfaitement
libre... Et quand votre confesseur vous en parlera, vous lui
direz la même chose : que vous ne voulez plus qu'il vous en
parle ; qu'il a les apparitions et les secrets, et qu'il est libre
d'en faire l'usage que bon lui semblera ; que pour vous, votre
désir est qu'on ne vous parle jamais de rien !

Jos. — Oh! non, Monsieur, je ne suivrai pas vos conseils. La Sainte Vierge m'apparaîtrait-elle de nouveau et me permettrait-elle de le dire que je le dirais encore.

L'Inc. — Vous êtes une petite sotte !... Si vous vouliez m'obéir !... (L'Inconnu s'appuyant sur sa canne d'un air caressant). Depuis votre dernière apparition, vous avez été bien malheureuse ; vous avez eu beaucoup de tentations, vous êtes bien peinée ?... Toutes ces peines disparaîtront et vous serez heureuse jusqu'à votre dernier soupir, comme personne ne peut l'être sur la terre... Vous avez une petite fille, nous l'enverrons en pension ; elle sera considérée ; on lui fera donner, si vous le voulez, une éducation chrétienne. Votre mari travaille beaucoup, il ne travaillera plus ; il n'aura plus qu'à se promener, et si vous voulez encore, je vous ferai changer de pays. Presque tous les jours vous vomissez, vous souffrez horriblement, vous ne vomirez plus, et, je vous le répète, vous serez heureuse.

Jos. — Je ne tiens pas à être heureuse ; je ne cherche pas à acquérir les biens de la terre. Je cherche à acquérir les biens du ciel.

L'Inc. — Vous avez tort ; si vous vouliez, je vous donnerais cent mille francs.

A ce moment, l'Inconnu tire une bourse de toile noire reluisante, la secoue, la présente en disant : *C'est pour vous.* — Le bruit de la bourse rend le son de l'or.

Jos. (très impressionnée). — Je refuse de prendre votre argent comme je refuse de suivre vos conseils. (Joséphine ignore où la bourse a passé.) Du reste, retirez-vous, j'aime mieux votre absence que votre présence.

L'Inc. — Eh bien ! vous ne voulez pas m'obéir et suivre mes conseils ?

Jos. — Non, Monsieur, j'obéirai à la Sainte Vierge et non pas à vous.

L'INC. — Remarquez la parole que je vous dis : vous vous en repentirez ; vous êtes bien peinée, mais vous en verrez bien d'autres.

Joséphine se retourne, fait le signe de la croix, et gagne sa maison en récitant un *Souvenez-vous* à la Sainte Vierge. Elle réfléchisssait en elle-même quel pouvait être cet homme qui lui avait fait de telles menaces. Mais elle se sentait résolue à les braver.

L'Inconnu ayant échoué cette première fois, espérait sans doute, être plus heureux dans une seconde visite. Il revint donc trouver Joséphine quinze jours après, le 31 juillet 1878.

2ᵉ VISITE DE l'INCONNU.

Joséphine était dans le champ derrière sa maison, non loin de l'endroit où elle avait vu l'Inconnu la première fois, le 17 juillet. L'Inconnu se présente par le même chemin. En le voyant, Joséphine s'écrie : *Oh ! mon Dieu !*

L'INCONNU. — Pourquoi appeler ton Dieu à ton secours ? Qu'as-tu à craindre de moi qui viens pour te faire du bien? t'enlever toutes tes peines, tes souffrances et tes ennuis ? Vois-tu comme tu as été peinée depuis que je suis venu te voir ? Si tu voulais accepter mon argent, renoncer à tes apparitions, tout cela disparaîtrait. Vois donc comme tu serais heuseuse ! Tu irais au théâtre, tu serais grande dame, tu aurais voiture, cocher, nombreux domestiques pour te promener et te servir..... Tu vomis et tu ne vomirais plus. Tu pourrais manger les mets les plus délicieux.

JOSÉPHINE. — Non monsieur, je n'accepterai pas ce que vous me proposez... Je suivrai les conseils de la Sainte Vierge. Elle m'offre les souffrances, les persécutions et je les accepte de bon cœur, car je sais bien que ces souffrances, un jour me rendront heureuse, tandis que tous ces plaisirs, me rendraient malheureuse à la fin de ma vie.

L'Inc. — Mais pourquoi donc ? Est-ce que les gens qui vivent dans l'opulence seront perdus ?

Jos. — Je ne vous dis pas le contraire ; mais vous voulez me faire renoncer au bon Dieu et à la Sainte Vierge.

L'Inc. — Mais je ne te défends pas de suivre tes devoirs religieux.

D'un air très irrité l'Inconnu ajoute : Tu ne veux pas profiter de la satisfaction que je voudrais te donner ? Tu veux rester malheureuse ? Eh bien ! je te promets que tu seras de plus en plus malheureuse. Tu es très attachée à ton confesseur, tu as peur qu'il s'en aille, eh bien ! oui, il partira, je le ferai enlever. Il en viendra un autre qui te fera endurer toutes les plus grandes persécutions du monde (1)... Tu désires une enquête, une solution ; eh bien ! tout cela n'aura pas lieu : *moi et mes complices nous serons assez forts pour y mettre empêchement* (2).... Je veillerai à ce que tu n'aies jamais satisfaction de l'œuvre du Jarrier... Remarque la parole que je te dis : tu souffriras le martyre ; puisque tu aimes la souffrance, je te poursuivrai continuellement.

Jos. — Je ne vous crains pas, j'ai la Sainte Vierge à mes côtés, elle sera plus forte que vous.

L'Inconnu disparut par le même chemin qu'il était venu. Cette scène fut terrible pour Joséphine. Elle fut saisie d'une grande frayeur et tomba sans connaissance aussitôt qu'elle fut rentrée dans sa maison. Elle resta une heure et demie dans cet état.

(1) Le confesseur n'a pas été changé.

(2) Il n'y a que trop bien réussi, comme nous le verrons bientôt.

Nous venons de voir les deux visites que l'*Inconnu*, c'est-à-dire le démon, sous une forme humaine, fit à Joséphine, dans le mois de juillet. Il lui en fera deux autres dans le mois de septembre; mais avant de les raconter, nous devons parler de l'enquête diocésaine qui eut lieu le 9 août.

Lorsque des faits extraordinaires et miraculeux se produisent dans quelque paroisse, le devoir du curé est d'en référer à son évêque, car à l'évêque seul il appartient de juger si ces faits sont de vrais miracles, de véritables apparitions. M. Rousseau, curé de Boulleret, n'avait eu garde de manquer à son devoir. Depuis la guérison miraculeuse du 11 décembre 1875, il avait eu soin d'informer Mgr de la Tour d'Auvergne, alors archevêque de Bourges, de tous les faits extraordinaires, à mesure qu'ils se produisaient dans sa paroisse, et il demandait une enquête avec instance. L'autorité diocésaine usa d'une sage lenteur, disant avec raison, qu'en une chose aussi grave, il vaut mieux s'exposer au reproche d'un semblant d'indifférence, que d'encourir celui d'une trop grande précipitation.

Mais au bout de trois ans d'attente, et surtout après les événements survenus au mois de mai 1878, l'enquête canonique devenait d'une urgence absolue. Comme il arrive toujours en pareils cas, ces faits extraordinaires trouvaient des esprits croyants; mais ils en trouvaient aussi qui étaient incrédules, même parmi le clergé. C'est pourquoi, les uns pour s'affermir dans leur croyance, et les autres pour dissiper leurs doutes, tous désiraient connaître le jugement de l'autorité ecclésiastique, seule compétente pour reconnaître le vrai caractère de ces faits.

Mais celui qui le désirait le plus, c'était M. Rousseau, le vénérable curé de Boulleret. Parmi ses confrères, les uns approuvaient sa manière d'agir dans ces circonstances difficiles; les autres la désapprouvaient, l'accusant d'avoir cru trop légèrement au surnaturel divin de ces faits; mais en réalité M. Rousseau n'avait toujours agi qu'avec la plus grande prudence, comme nous l'avons vu lors de l'apparition du 31 mai. Quelques prêtres même allèrent jusqu'à se déclarer ouvertement contre les faits de Boulleret, et travaillèrent de toutes leurs forces à les tourner en ridicule pour en éloigner les fidèles. Joséphine, à leurs yeux, n'était qu'une hypocrite et quelque chose de pire encore. M. le curé de Boulleret n'était qu'un esprit faible et crédule, un ambitieux qui n'aspirait qu'à se distinguer et à se faire valoir. Mgr l'archevêque de Bourges n'avait qu'à le changer de paroisse, et toute cette belle comédie, qu'il avait si bien ourdie avec Joséphine, tomberait d'elle-même.

Ainsi parlaient quelques prêtres et même des laïques influents dans le pays. Une enquête de la part de l'autorité diocésaine devenait donc de plus en plus urgente. C'est pourquoi M. Rousseau, après les apparitions du mois de mai, écrivit de nouveau à Mgr de la Tour d'Auvergne en ces termes :

« MONSEIGNEUR,

» Je prie votre Grandeur de vouloir bien me tracer une ligne de conduite dans tous ces événements. Jusqu'à ce jour j'ai pu sans de grandes inquiétudes, au milieu des contradictions ignorantes de plusieurs de mes confrères et de la prudence excessive et silencieuse de l'autorité, calmer le zèle de ceux qui croient trop, éclairer ceux qui demandaient à l'être, et répondre aux objections ridicules ou aux calomnies insensées. Mais aujourd'hui il ne m'est plus possible d'être seul aux prises avec les difficultés qui surgissent.

» Quel langage tenir dans les visites que je reçois continuellement, et quelle réponse faire aux lettres qui m'arrivent de différents endroits? On est fatigué de m'entendre dire : attendez ; l'autorité ecclésiastique examine sérieusement les faits ; bientôt elle donnera une solution.......

» Mais que répondre à ceux qui me font ce raisonnement : si les faits sont vrais, surnaturels, divins, comme nous le croyons, pourquoi l'autorité, qui en est priée, ne vient-elle pas les examiner? Et s'ils sont faux, ou surnaturels diaboliques, ou l'effet de la maladie, que ne vient-elle nous le prouver de suite et nous dissuader de croire ?

» D'un autre côté, comment désapprouver ceux qui tirent cette conclusion : dès lors que l'autorité ne s'en mêle pas, que plusieurs ecclésiastiques s'en moquent, c'est que les faits sont ou diaboliques, ou l'effet de la supercherie, ou le résultat de la maladie ?

» Une solution devient donc nécessaire, etc.

» Agréez, Monseigneur, etc.

» ROUSSEAU. »

Une enquête devenait donc absolument nécessaire. M. le curé de Boulleret la voulait, le clergé la voulait, les fidèles la voulaient.

Mais le diable ne la voulait pas.

Nous avons vu, en effet, que, dans sa seconde visite à Joséphine, sous la forme d'un Inconnu, il lui disait avec audace : *Tu désires une enquête, une solution : eh bien, tout cela n'aura pas lieu. Moi et mes complices nous serons assez forts pour y mettre empêchement. Je veillerai à ce que tu n'aies jamais satisfaction de l'œuvre du Jarrier.*

Hélas ! l'esprit de ténèbres et de mensonge ne réussit que trop bien, par ses complices, à empêcher que la vérité ne se fît jour sur l'œuvre du Jarrier.

Mgr de La Tour d'Auvergne ordonna enfin qu'on fît l'en-

quête tant désirée. Il désigna, à cet effet, une commission com-
posée de trois prêtres, que nous ne nommerons pas, et qui
occupaient un rang distingué dans la hiérarchie ecclésiastique. L'un était chanoine de la métropole, un autre était ar-
chiprêtre et le troisième etait un curé-doyen. Mais malheu-
reusement ces trois ecclésiastiques, quelque distingués qu'ils
fussent à tous autres égards, comptaient parmi les plus hosti-
les aux faits du Jarrier. La manière dont ils firent l'enquête le
prouve évidemment. La rigoureuse impartialité de l'histoire
exige que nous disions toute la vérité à ce sujet. Sciemment
ou non, les trois commissaires-enquêteurs se firent les complices de Satan, pour étouffer la lumière sur ces faits extraordinaires.

Le 9 août 1878, ces Messieurs se rendirent chez M. le curé
de Boulleret. Ils y passèrent trois jours et interrogèrent un
grand nombre de témoins. Mais, chose étrange, ils ne les interrogèrent point sur les faits qu'il s'agissait d'éclaircir. Au
mois d'octobre 1881, nous eûmes l'occasion de parler à quel"
ques-uns des témoins qui furent interrrogés par MM. les enquêteurs. Tous manifestèrent leur étonnement sur la manière
dont se fit cette enquête. Nous attendions, disaient-ils, à ètre
interrogés sur les faits dont nous avions été témoins, tels que
la guérison de Joséphine, ses extases, etc. ; mais point du tout.
On nous interrogea sur d'autres choses, tout à fait étrangères
aux faits de Boulleret, et l'on ne nous demanda rien ou presque
rien sur les faits eux-mêmes. Aussi M. le docteur Chamaillard'
de Sancerre, et M. le docteur Manceau, de Léré, qui avaient
été appelés comme témoins, avouaient-ils ne rien comprendre
à cette enquête. M. le docteur Chamaillard même se plaignait
de ce que l'un des trois enquêteurs avait voulu lui faire avouer
qu'il avait dit que tous ces faits s'expliquaient naturellement
par l'hystérie, tandis qu'il soutenait formellement le contraire.

Si c'est avec de telles dispositions que MM. les enquêteurs ont cherché la vérité sur de faits aussi sérieux et aussi graves, faut-il s'étonner qu'ils ne l'aient pas trouvée ? Aussi quelque temps après, l'un des vicaires-généraux de Bourges, disait tristement à M. le curé de Boulleret : *La commission d'enquête ne nous a pas éclairés.* Non seulement elle n'a pas éclairé l'autorité diocésaine, mais elle lui a positivement obscurci les yeux de la poussière du mensonge. C'est ainsi que Satan triomphe jusqu'ici de l'œuvre admirable que Notre-Dame des Sept-Douleurs opère depuis cinq ans à Boulleret.

Joséphine, plus que tout autre, fut affligée du triste résultat de l'enquête. Elle aimait à venir prier souvent au petit parterre de fleurs où sa bonne Mère lui était apparue, le 31 mai, et là, elle épanchait son cœur dans le cœur de celle qui ne s'appelle pas en vain la Consolatrice des affligés. Le 15 août, elle y fut favorisée d'une nouvelle apparition.

20ᵉ Apparition. (*Le 15 août 1878.*)

Joséphine priait seule dans le petit parterre. Tout à coup, à l'heure de midi, tandis que l'*Angelus* sonnait à l'église paroissiale, la Sainte Vierge lui apparaît. Elle était suspendue dans les airs, au-dessus des fleurs. Elle avait un diadème doré sur la tête, un diadême de fleurs blanches à la main droite, une couronne de roses blanches à la main gauche. Elle souriait. Elle lui dit :

« Ma chère fille, si j'ai daigné t'apparaître aujourd'hui, ce » n'est que pour te consoler, mais non pour t'enlever tes pei- » nes, car la persécution est encore loin de cesser. Du reste, il » est inutile que je te répète toujours la même chose. Tu n'as » qu'à repasser tout ce que je t'ai annoncé et à bien y réfléchir. » Cela te servira de guide et de consolation. Mon enfant, la

» tristesse doit toujours exister en toi; tu es prévenue ; mais
» sois calme au milieu de tes peines, de tes inquiétudes et de
» tes tentations. En suivant mes conseils et ceux de ton bon
» confesseur, qu'as-tu à craindre ? N'es-tu pas dans une bonne
» voie? Je te le répète, mon enfant, défie-toi du démon, car il
» rôde autour de toi et te tend des pièges pour te prendre et
» détruire l'œuvre de Dieu. Mais prends courage, ne crains
» rien. Souviens-toi que tu es toujours l'enfant de Marie, que
» je suis toujours près de toi. Appelle-moi à ton secours et je
» te tirerai du péril. Maintenant, quant au récit de tes appa-
» ritions, je ne t'oblige pas à le faire continuellement, je te
» laisse libre. Tu as aussi les devoirs de ton état à remplir et
» je t'ordonne de les bien remplir.

» Maintenant sois en paix envers l'état du mariage. Tu as
» reçu ce sacrement : c'est Dieu qui l'a permis. Tu n'as qu'à
» suivre les conseils de ton confesseur. Dans toutes tes peines
» et craintes en général, demande toujours la volonté de Dieu,
» et rien ne t'arrivera sans sa permission.

» Dis bien à ton confesseur qu'il prenne courage et qu'il
» ait confiance quand bien même il se croirait trompé ; qu'il
» est assez éclairé pour savoir que toutes ces persécutions
» seront pour lui un avancement. Car, pour aller au ciel, il
» faut être purifié en cette vie ou en l'autre. Du reste, il a le
» droit de partager tout ce que je t'ai révélé. Il est vrai que
» le fait qui se passe ici est couvert de mensonges et d'injus-
» tices ; mais, malgré cela, priez toujours pour vos persécu-
» teurs Il faut que ce soit ainsi ; ayez espoir. Ils auront beau
» faire, la vérité se découvrira.

» Recommande bien de prier pour la France, surtout pour
» l'Eglise, car elles sont en danger. Ayez confiance aux Sacrés
» Cœurs de Jésus et de sa divine Mère ; nous ne vous aban-
» donnerons pas.

» Toutes les fois que tu auras le désir et la permission de
» faire la sainte communion, tu peux la faire sans crainte,
» pourvu que ton intention ne soit pas de te préserver de
» ton vomissement. Dans des circonstances extraordinaires,
» pour un voyage utile ou pour d'autres choses semblables, tu
» pourras aussi la faire pour te soutenir ; mais jamais sans
» l'autorisation de ton confesseur. Surtout humilité et obéis-
» sance. »

Dans cette dernière apparition la Sainte Vierge dit à Joséphine de se défier du démon, car il rôde autour d'elle. Cet
avertissement ne lui était pas inutile, comme nous allons le
voir dans le chapitre suivant.

CHAPITRE XI.

**3ᵉ Visite de l'Inconnu ou de Satan sous une forme humaine. —
4ᵉ Visite de l'Inconnu ou de Satan sous forme d'Ange. — 21ᵉ apparition, le 22 septembre 1878.**

Nous avons vu, dans le chapitre précédant, que pendant le
mois de juillet, Joséphine reçut deux visites d'un Inconnu qui
n'était autre que le démon en personne, sous une forme humaine. Cet esprit de mensonge voulait l'attirer à lui pour la
faire renoncer à ses apparitions. N'ayant pas réussi dans ses
deux premières visites, il lui en fit deux autres dans le mois
de septembre suivant.

Joséphine n'avait point reconnu le démon dans cet Inconnu,
autrement elle se serait bien gardée d'entrer en conversation
avec lui. Elle ne le reconnut qu'à la fin de la 3ᵉ visite. Mais

laissons Joséphine nous raconter elle-même ce singulier entretien qu'elle écrivit, peu de temps après, par ordre de son confesseur. Sans cette précaution, elle l'aurait oublié ou du moins elle ne se le rappelerait que vaguement ; car il est à remarquer que les paroles du démon ne se gravent point dans son esprit d'une manière ineffaçable comme les paroles de la Sainte Vierge.

3e VISITE DE L'INCONNU.

Le 14 septembre, dit Joséphine, vers l'heure de midi, je me dirigeai dans l'allée où j'avais vu l'*Inconnu*, sans penser que j'aurais encore le malheur de le revoir. Mon intention était tout simplement d'aller voir si des perdrix que nous avions rencontrées, en venant de la messe, y étaient encore. Etant arrivée au même endroit, je pense à l'*Inconnu*, et la peur m'a prise. Je craignais de le revoir, et aussitôt je suis revenue sur mes pas pour rentrer chez moi. Etant près de la maison, il me vint la pensée d'aller sous un cormier qui était près de la même allée, pour voir si mes parents avaient ramassé les cormes que j'avais vues dessous quelques jours auparavant, Ma petite fille, me suivait, mais elle s'arrêta sous un châtaignier et ne m'accompagna pas plus loin. Arrivé sous le cormier, pendant que je ramassais des cormes, j'entendis marcher derrière moi. Je me relève et me retourne. Qu'est-ce que je vois ? C'était l'*Inconnu* ! Saisie de frayeur, j'ai voulu aussitôt m'en fuir et même crier. Mais je ne sais quelle puissance cet homme avait sur moi, il m'a été impossible de le fuir. Alors je me suis écriée : « O mon Dieu, pourquoi permettez-vous que cet individu se trouve encore devant moi ? »

L'INCONNU. — Pauvre enfant, pourquoi avoir frayeur de moi, qui ne te veux que du bien et aimer ceux qui te causent tant de mal? Cette fois seras-tu décidée à renoncer à tes apparitions? En as-tu assez sur le dos? — As-tu éprouvé assez de peines, d'ennuis et de persécutions? Je te l'avais promis que tu souffrirais le martyre et que je te persécuterais continuellement, et que moi et mes complices nous serions assez forts pour mettre empêchement à tous tes désirs. Ainsi vois donc comme tu souffres, surtout depuis trois semaines; tu as des crises épouvantables; tu peux à peine marcher; et d'un autre côté tout le monde t'abandonne et te méprise. Tu n'as plus d'amis, et si tu voulais venir avec moi, tout le monde t'aimerait et te suivrait; tu serais heureuse comme les plus riches de la terre. Oui, mon enfant, c'est moi qui te cause toutes les souffrances que tu ressens depuis quelque temps (1); mais il ne faut pas m'en vouloir : c'est du bien que je te veux. Je te fais cela pour que tu te décides à accepter tout ce que je te propose.

Joséphine. — Monsieur, vos propositions ne m'engagent dans rien. Non, je ne renoncerai pas à mes apparitions pour suivre vos conseils. Du reste quel intérêt me portez-vous donc pour que vous veuilliez tant m'enlever mes souffrances ? Vous avez bien tort de vous occuper de moi ; pour moi, je ne m'occupe pas de vous. D'abord je ne me plains pas à vous de ce que je ressens, car je suis très contente de souffrir, et je ne voudrais pas, pour tout l'or du monde, que l'on m'enlève mes souffrances. Vous voudriez me faire renoncer à mes apparitions; mais qu'est-ce que vous gagneriez donc à cela? En même temps vous m'offrez de l'argent, mais cela ne doit pas vous être avantageux.

---

(1) On reconnait bien ici les ruses du père du mensonge. Il veut faire croire à Joséphine que les souffrances qu'elle endure viennent de lui, pour lui faire croire par la même que ses apparitions viennent de lui et non de la Sainte Vierge, comme il le dira plus tard.

L'Inc. — Plus que tu ne penses, si je tiens à t'avoir avec moi, c'est parce que j'aime ta personne, et que tu es à la veille de perdre ton mari, et que tu n'auras plus personne pour te soutenir.

Jos.. — Pourquoi donc, Monsieur, dites-vous que je suis à la veille de perdre mon mari ? Est-ce que vous le savez ? Vous n'êtes pas le bon Dieu, pour savoir si mon mari doit mourir bientôt.

L'Inc.. — On n'a pas besoin d'être Dieu pour voir qu'il a une mauvaise santé et qu'il est près à mourir (1).

Jos. — Si le malheur m'arrrive, le bon Dieu est là pour me soutenir.

L'Inc.. — Mais le bon Dieu ne t'abandonnera pas plus étant avec moi qu'avec d'autres. Je ne t'empêcherai pas de pratiquer ta religion. Comme tu serais heureuse de vivre dans l'opulence ! Rien ne te manquerait, tandis que tu es privée de toilette, de tous les bons plaisirs et que tu n'éprouves que du malheur.

Jos. — Monsieur, je ne tiens pas à vivre dans l'opulence ; je suis née pauvre et je désire mourir pauvre. Mais après tout je serais bien curieuse de savoir qui vous êtes.

L'Inc. — Je te le dirai quand tu seras avec moi.

Jos. — Oh ! je vous assure bien que je ne le saurai jamais, parce que je ne veux pas aller avec le Diable.

A ce moment l'Inconnu tira une boîte de sa poche, il l'ouvrit, elle était remplie de bijoux, bracelets, boucles d'oreilles, colliers, montre avec chaîne d'or. Il me dit :

— Voici les bijoux que je donnerais si tu voulais venir avec moi.

(1) Le fait est que le mari encore aujourd'hui se porte très bien.

(Décembre 1882.)

**

Jos. — Je ne suis pas plus désireuse de vos bijoux que de la boue des rues.

L'Inc. — Rien ne te sourit donc que la souffrance ?.

Jos. — Bien entendu.

L'Inconnu retira la montre de la boîte, et je ne sais ou la boite passa. Il s'avança tout doucement près de moi en disant : Je vais tout de même te passer cette chaîne et cette montre au cou. Elle te rendra peut être envieuse de moi et de mes bijoux.

Je ne veux pas de votre montre, et je vous défends. d'approcher de moi.

Mais malgré ma défense il avançait toujours comme pour me donner cette montre ou s'emparer de moi. D'ailleurs je ne pouvais connaître son intention. Il me dit : ·

— Je veux savoir si je ne te lasserai pas, ma petite folle. J'ai une grande puissance sur toi.

Aujourd'hui ta journée n'est pas *occupée* (1), je puis jouer mon rôle, et, si je le peux, avant une heure tu ne seras plus de ce monde.

» A ce moment je sentais mes forces s'affaiblir, mes membres étaient paralysés, et je suis devenue froide comme le marbre. Les maux de cœur se faisaient sentir, je me sentais mourir. Dans le même instant, il me vint dans la pensée d'invoquer la Sainte Vierge, de l'appeler à mon secours, et voici les paroles que je prononçai : O ma bonne Mère, ayez pitié de moi, secourez-moi je suis perdue ! A peine eus-je prononcé ces paroles, que l'*Inconnu* se retira sans mot dire. »

Joséphine alors regagna sa maison avec une peine extrême ; elle eut à peine la force de se traîner jusqu'à son lit, où elle

---

(1) Joséphine a compris plus tard ce que signifiait ce mot : c'est que ce jour-là elle n'avait pas communié.

s'étendit et resta pendant trois heures et demie sans connaissance. Ses parents, effrayés de la voir dans cet état et croyant qu'elle allait mourir, coururent chercher M. le Curé. Quand le digne pasteur de la paroisse arriva, il la trouva sans connaissance avec un pouls très faible et râlant comme une personne à l'agonie. Vers les quatre heures du soir, elle reprit ses sens et resta jusqu'au lendemain dans une grande faiblesse.

Le démon ne se tint pas pour battu. Voyant qu'il ne gagnait rien sous une forme humaine, le Protée se déguisa en ange de lumière et tenta une quatrième visite. Laissons encore ici la parole à Joséphine.

4e VISITE DE L'INCONNU SOUS LA FIGURE D'UN ANGE DE LUMIÈRE.

« Le mercredi 18 septembre 1878, vers les quatre heures du soir, je me rendis, dit Joséphine, dans le petit enclos où la Sainte Vierge m'était apparue pour y faire mes prières. Après avoir terminé mes prières, je me mis à régarder les fleurs du petit parterre. Tout à coup j'entendis un grand bruit autour de moi, et j'aperçus à ma droite un ange entouré de lumières, suspendu dans les airs. Il portait l'âge d'un jeune homme de dix-huit ans. Ses cheveux étaient blonds et frisés, sa robe était blanche et parsemée d'étoiles. Il avait aux pieds des bas blancs une ceinture rouge autour du corps, les bras entr'ouverts et un petit livre noir à la main droite.

» Je me suis jetée à genoux pour le contempler, l'écouter, car je croyais bien que c'était un ange envoyé de Dieu. Il m'adressa ces paroles : Femme, je viens t'avertir de la part de Dieu, car il t'aime et il ne veut pas que tu sois plus longtemps victime et sous l'empire du démon. Il faut dès maintenant renoncer à toutes tes apparitions, car elles sont véritablement fausses. Il ne faut pas croire que si Dieu accorde des privi-

lèges à des personnes qui sont toujours restées pures et inno-
centes, il en soit de même envers toi, qui es une grande pé-
cheresse, malgré qu'il te pardonne et qu'il t'aime comme ses
fidèles servantes. Tu accompliras tout simplement tes devoirs
religieux comme toutes les personnes pieuses, et tu communieras aussi souvent que tu le désireras ; Dieu ne te le défend
pas, au contraire. Ne te trouble pas, tu n'es coupable dans
rien ; mais si tu ne commences pas, dès maintenant à obéir
aux avertissements que Dieu t'envoie, il te persécutera jusqu'à
ta mort, et tu n'entreras jamais dans son royaume. Du reste,
tu n'auras qu'à suivre le règlement que ce petit livre contient.

» Alors je tendis la main pour prendre ce livre qu'il me pré-
sentait. Mais au même instant, il se produisit en moi la
même chose qui se produit quand je vois l'*Inconnu*. Aussitôt j'appelai le bon Dieu à mon secours : « O mon Dieu c'est
peut-être un piège qui m'est tendu ! O ma bonne Mère, vous
qui êtes toute puissante, vous le savez, si je suis dans le péril !..
Aussitôt, je me suis trouvée comme soulevée et retirée de la
présence de l'ange. Je me suis rendue à la maison bien effrayée
et très malade, sans savoir ce que l'ange était devenu. »

En effet, Joséphine, très impressionnée, regagna avec peine
sa maison qui n'était qu'à une cinquantaine de mètres. A
l'aide de sa belle-sœur, elle se mit au lit en prononçant seulement quelques paroles sur la singulière apparition qu'elle
venait d'avoir. A peine était-elle couchée qu'elle perdit connaissance et sa poitrine oppressée fit entendre le râle de
l'agonie. Elle resta trois jours dans cet état, ce qui n'empê-
chait en rien les vomissements de sang ordinaires, sans qu'elle
en eût conscience. M. le docteur Manceau, qui vit Joséphine
dans cette nouvelle situation, en a écrit une attestation dans
une lettre qu'il adressa à M. le curé de Boulleret, et que nous
reproduisons ici :

« Léré, 30 septembre 1878. »

« Monsieur le Curé,

« Vendredi 20 septembre, j'ai visité Joséphine Reverdy qui avait perdu connaissance depuis le mercredi 18, à la suite d'une frayeur. Vous pensiez, je crois, à un accès de catalepsie, mais il n'en était rien. La catalepsie, selon Bouchut et Desprès, dans leur Dictionnaire de médecine, est caractérisée par des accès intermittants de perte de connaissance, sans fièvre, avec raideur tétanique des membres, qui conservent la position qu'on leur donne, si bizarre qu'elle puisse être. Pour la jeune femme du Jarrier, il n'en était pas ainsi. J'ai élevé ses bras en haut, à gauche, à droite; aussitôt que je les abandonnais à eux-mêmes ils retombaient. La sensibilité de la peau était éteinte, et l'on entendait sur sa poitrine le râle bronchique caractéristique de l'agonie. Toutes les fois que j'ai vu un malade dans la position où était Joséphine, j'ai dit : ce malade est à l'agonie. Sa position ne ressemblait en effet, à rien autre chose. Et pourtant cette femme avait repris connaissance le samedi 21, et jeudi dernier j'ai pu constater moi-même qu'elle avait repris ses habitudes, qu'elle se levait le matin pour ne se coucher que le soir, après avoir répondu toute la journée aux questions de ses nombreux visiteurs. Cette malade met son plaisir à tromper la médecine et les médecins, et, quoi qu'il arrive, je ne dirai qu'elle est morte que lorsqu'elle aura la frigidité et l'odeur cadavériques.

« Agréez, etc.

21e APPARITION. (*22 septembre 1878*).

Mais la Sainte Vierge ne délaissa pas son enfant, au moment où il avait un si grand besoin de consolation. Le 22 septembre,

fête de Notre-Dame-des-Sept-Douleurs, Joséphine, à peine remise, se rendit avec quelques-unes de ses amies dans le petit
parterre où la Sainte Vierge lui était déjà apparue deux fois :
le 31 mai et le 15 août. C'était désormais un lieu de délices
pour elle, puisque deux fois il avait été sanctifié par la présence
de la Reine des Saints. Il était environ 5 heures du soir.
Joséphine avec ses compagnes avait déjà récité le chapelet et
elle commençait à réciter le *Stabat*. Tout à coup elle tombe en
extase, à genoux et les mains jointes. La Sainte Vierge lui
apparaît avec un cœur transpercé de sept flèces sur la poitrine;
elle est vêtue de blanc et couronnée d'un diadème. Elle lui dit :

« Ma chère fille, je viens tout simplement te dire encore
» une fois de ne suivre que mes conseils et ceux de ton
» confesseur. Surtout n'en suis pas d'autres, car tu tomberais
» dans l'abîme. Oui, ma chère fille, en suivant la ligne de
» conduite que je t'ai tracée, tu marcheras dans une voie
» droite et sûre, et tu ne craindras pas de tomber dans les
» pièges du démon. Contemple bien Celle qui t'appelle sa fille
» et tu verras si Elle ne peut pas être ta véritable Mère ».

La voyante dit : « O ma bonne Mère, je veux bien le croire,
mais voyez donc tout ce qui se passe envers moi; tout le mal
qui se commet à ce sujet ».

LA SAINTE VIERGE. — « Sois sans inquiétude et crois bien
» que, s'il en est ainsi, c'est Dieu qui le permet. Je te le répète
» encore, mon enfant, défie-toi du démon, ne te laisse pas
» succomber par ses tentations. Prends courage, car tu peux
» t'attendre à éprouver de grandes persécutions de sa part.
» Au milieu de tes afflictions, repasse toujours tes apparitions,
» médites-les bien, et tu y trouveras la force, le courage, la
» consolation, la patience et la résignation. Surtout, mon
» enfant, mets toute ta confiance en ton confesseur, et sois-
» lui bien soumise et bien obéissante, et conduis-toi bien, car

» je serai longtemps sans venir te visiter visiblement. Mais
» n'oublie pas que je suis toujours près de toi, surtout à
» l'heure du danger ».

Ce qu'il y a de remarquable dans cette dernière apparition,
c'est que la Sainte Vierge l'avertit qu'elle sera longtemps sans
venir la visiter visiblement. Elle ne lui réapparaitra en effet
que 19 mois plus tard, le 1ᵉʳ mai 1880. Néanmoins elle ne la
laissera pas sans consolation pendant tout ce temps, car, le
1ᵉʳ mai 1879, elle lui enverra un message céleste dans une
extase, comme nous le dirons bientôt.

Cette bonne Mère l'avertit en même temps des persécutions
que Satan lui prépare. Nous en parlerons dans le chapitre
suivant.

CHAPITRE XII.

Persécutions du démon. — Message céleste. — Le démon donne un coup
de poignard. — Il apparaît sous la forme d'un ange de lumière. —
22ᵉ Apparition. (Le 1ᵉʳ mai 1880.)

Le 1ᵉʳ novembre 1878, Joséphine, suivie de son mari et de
sa petite fille, quitta le Jarrier pour aller habiter au bourg de
Boulleret. Là, il lui était plus facile d'aller assister à la messe
tous les jours et de se fortifier par la sainte communion, lorsqu'elle lui était permise. Plus que jamais, cette nourriture céleste allait lui être nécessaire pour supporter ses souffrances
continuelles avec ses vomissements de sang et les persécutions
du démon. Cet esprit de mal voyant que les moyens de persuasion ne lui avaient pas réussi, commença à employer des

moyens de violence. Mais il est à croire qu'il n'avait pas encore, à cette époque, reçu de Dieu la permission de s'attaquer à sa personne même, car il commença par ses parents qui étaient restés au Jarrier. Comme s'il eût voulu se venger sur eux de la résistance que Joséphine lui opposait, il commença, dès le 10 novembre, à exercer contre eux une série de petites taquineries, qui, se renouvelant tous les jours, ne laissaient pas que d'être très pénibles et très fatigantes. On aurait peine à les croire, si elles n'étaient attestées par ceux-là mêmes qui en étaient à la fois les témoins et les victimes.

Voici ce qu'écrivait la mère de Joséphine à son fils, résidant à Bourges, sous la date du 23 novembre 1878 :

« MON CHER FILS,

» Depuis le 10 de ce mois, il se passe dans notre maison du Jarrier des choses bien extraordinaires. Ce sont des bruits qui se font entendre sur le plancher, au-dessus de nos têtes, sans que nous puissions en connaître la cause : des coups sont frappés sur les portes et les contrevents par une main invisible ; des pierres sont lancées contre les croisées et toutes les vitres sont brisées. Pendant la nuit, aussi bien que pendant le jour, les vaches et l'âne qui sont à l'écurie, quelque bien attachés qu'ils soient, sont détachés par une main invisible, et les vaches effrayées se battent ensemble. Une fois une grosse pièce de bois s'est trouvée dressée derrière la porte de la grange, en sorte que nous n'avons pu l'ouvrir et qu'il a fallu entrer par la fenêtre. D'autres fois, les fourches, les pelles, les pioches sont démanchées et mêlées ensemble. La grande pelle du four disparaît de sa place et nous la retrouvons tantôt au grenier, tantôt dans le râtelier des vaches. Les seaux, les chaudières qui sont à l'étable sont transportés au grenier. La fournée du pain, le son, la farine sont renversés et mêlés ensemble. Les pots de lait, les fromages qui sont à la laiterie sont renversés par terre, les assiettes sont enlevées et transportées dehors, et entrelacées entre les branches des arbres. Notre petite domestique étant allée puiser de l'eau au puits, s'est vu enlever la cruche des mains par une force invisible, sans savoir ce qu'elle était devenue; nous avons ensuite retrouvé cette cruche suspendue au tuyau du poêle, à la lucarne du grenier, attachée avec des liens de foin. Nos bonnets qui sont bien rangés dans l'armoire fermée à clé se trouvent tout chiffonnés. Tous nos ustensiles de cuisine, quand il nous faut nous en servir, ne se retrouvent plus à leur place, et nous sommes obligés d'aller les chercher de tous côtés. Nous les retrouvons soit au grenier, soit à la grange ou à l'écurie. Nous avons beau veiller, regarder attentivement, ces objets sont enlevés d'une manière si habile, que nous ne voyons jamais le moment où ils disparaissent.

» Nous ne savons pas ce que c'est; mais nous pensons que c'est cet homme noir qui est apparu à Joséphine qui nous joue tous ces tours. »

A la date du 2 décembre 1878, la mère de Joséphine écrivait encore à son fils, à Bourges :

« MON CHER FILS,

» Ce qui se passe au Jarrier est toujours la même chose. Seulement aujourd'hui c'est plus fort. On nous barbouille avec de la suie. C'est ce qui m'est arrivé jeudi soir, pendant que je récitais mon chapelet près de la cheminée: j'ai eu le visage tout noirci de suie. La petite fille de ton frère, qui était couchée dans son berceau, a été toute barbouillée de suie également; et puis la domestique. Depuis lors, cet être invisible est toujours après cette pauvre domestique, qui doit être toujours occupée à se débarbouiller. Il la barbouille tantôt avec de la bouse de vache, tantôt avec du beurre qu'il prend dans les pots au lait, tantôt avec de la farine, tantôt avec de l'huile, tantôt avec de l'encre. Quand elle va chercher de l'eau au puits, il prend de la terre et la jette dans le seau qui ne contient alors que de la boue. Moi-même j'ai été barbouillée hier avec de la farine qu'il m'a jetée à la figure et sur ma robe. Chose singulière, quand il prend soit du beurre dans le pot pour nous barbouiller, soit de la farine dans la corbeille pour nous la jeter à la figure, on aperçoit sur le beurre ou sur la farine où il a puisé, la trace des doigts d'une main. Ce matin, il a jeté de l'huile sur Léonce, à trois endroits différents. Dans le moulin à farine, il a mis une quantité de vieux sabots et des citrouilles. De plus, il a crevé la soie du moulin ; je l'ai recousue et dix minutes après je l'ai retrouvée déchirée. Il met ses mains dans les mets que nous mangeons ; pendant que je t'écris il met ses doigts tachés d'huile sur la feuille de papier et tu y trouveras sans doute l'empreinte de ces doigts quand tu la recevras. Malgré tout notre mal, ce matin nous n'avons pas pu nous empêcher de rire, la domestique et moi, en nous voyant l'une et l'autre toutes barbouillées. Ce que nous craignons le plus c'est que notre domestique nous quitte à cause de toutes ces tracasseries, quoiqu'elle n'en ait pas peur. Nous n'en avons pas peur nous autres non plus. »

Mais l'esprit malin ne se contentait pas toujours de ces taquineries inoffensives. Il allait parfois jusqu'à mettre le feu à la maison. Aussi le frère de Joséphine écrivait-il à son frère à Bourges, sous la date du 24 janvier 1879.

« MON CHER FRÈRE,

» Nous tenons en ce moment à ce que Marie ne vienne pas au Jarrier, de peur qu'elle ne soit effrayée de tout ce qui nous arrive. Trois fois aujourd'hui nous avons eu un commencement d'incendie dans la maison, au grenier, au cellier et dans ma chambre ; mais le bon Dieu a voulu qu'à chaque fois nous nous soyons facilement rendus maîtres du feu. Nous nous attendons à avoir quelque jour un incendie complet. »

Le même écrivait encore à son frère le 31 janvier :

« Nous avons eu un cinquième incendie dans la grange ; mais il a été arrêté comme les autres. Nous sommes affligés de toutes les manières. A cause de toutes ces misères, voilà plus de deux mois que je puis dormir à peine une heure par nuit.... Nous sommes bien embarrassés ; nous n'avons plus de domestique. Nous avons du renvoyer celle que nous avions, à cause de toutes les tracasseries qu'elle souffrait du mauvais esprit. »

Mais la plus affligée de toutes ces persécutions diaboliques, c'était Joséphine, qui ne pouvait se consoler de voir ses pauvres parents ainsi tourmentés à cause d'elle. Aussi, le 1er mai 1879, la Sainte Vierge lui envoya-t-elle un message céleste qui la consola beaucoup. Pour des raisons que nous n'avons pas à sonder ici, elle ne lui apparut pas elle-même. Elle ravit seulement Joséphine en extase dans sa chambre. Durant cette extase la voyante vit une croix au-dessous de laquelle se trouvait une colombe tenant dans son bec une couronne au milieu de laquelle était écrite l'exhortation qui suit :

« Courage et confiance !

» Ma fille, pour mourir il faut souffrir. Je suis ta mère la » plus tendre ; je t'offre les larmes et la douleur, et si tu » m'es fidèle voici ta récompense.

« Au milieu de l'épreuve et de la persécution, n'oublie pas » que le bras du Sacré-Cœur de Jésus et celui de sa divine » Mère sont plus forts que la puissance de tous les démons » réunis ensemble. Lève-toi, va recevoir le pain de vie au » pied des tabernacles. Que la résignation soit ton plus grand » partage, car les humiliations, les peines, les malheurs, les

» afflictions, l'épreuve, la persécution augmentent de jour en
» jour vis à vis de toi et de tout ce qui te concerne. Mais quand
» bien même on te maltraiterait, frapperait, menacerait de
» t'emprisonner ; quand tout l'univers serait contre toi,
» même que les personnes qui te sont les plus dévouées t'aban-
» donneraient, ne manque jamais de confiance et de fidélité,
» car Dieu ne t'abandonnera pas. Sur cette terre, pour toi
» point de bonheur. *Que l'arme de Satan ne te fasse point*
» *frayeur*, et tu ne craindras pas d'aller prier dans le lieu
» où Notre-Dame-des-Sept-Douleurs a daigné te visiter 21
» fois. »

   » Pauvre Eglise persécutée! pauvre France affligée par sa
» malice! »

Joséphine est donc bien avertie. Satan rôde autour d'elle, et
il a reçu de Dieu la permission de la frapper de son arme.
Mais, lui dit sa bonne Mère : *que l'arme de Satan ne te fasse*
point frayeur. Joséphine ne comprenait pas bien d'abord le
sens de cette parole : *l'arme de Satan ;* mais elle ne tarda pas
à comprendre que c'était une arme réelle, un véritable poignard dont elle serait frappée. Ce fut au mois de juillet suivant qu'elle comprit ce mystère. Déjà, à cette époque, Satan
avait cessé de persécuter ses parents au Jarrier. Désormais
c'est contre elle seule qu'il tournera toute sa fureur. Car il
veut absolument la faire renoncer à ses apparitions. Mais selon
la recommandation que lui en avait faite la Sainte Vierge,
malgré toutes les persécutions de Satan, elle ne craignait point
d'aller souvent prier dans le lieu où Notre-Dame-des-Sept-
Douleurs avait daigné la visiter 21 fois.

Elle affectionnait par dessus tout le petit parterre de la prairie, où la Sainte Vierge lui était apparue une première fois et
où elle lui avait dit : *Je désire qu'on dresse ici une statue*
sous le titre de Notre-Dame-des-Sept-Douleurs.

Mais c'est pour cela même que Satan abhorrait particulièrement ce lieu béni, et qu'il voulait absolument en éloigner Joséphine et tous les autres visiteurs. C'est pour ce motif que, le 18 septembre 1878, il avait voulu singer l'apparition de la Sainte Vierge en apparaissant à la voyante dans ce même lieu, sous la forme d'un ange de lumière. Evidemment l'esprit de mensonge voulait par là donner le change à Joséphine et aux fidèles, et leur faire croire que c'était lui-même et non pas la Sainte Vierge qui était apparue en ce lieu, le 1er mai 1878. Mais la ruse satanique n'avait pas abouti, et Joséphine, aussi bien que les autres fidèles, continuait à aller visiter le lieu sanctifié par les pas de la Reine des Anges. Aussi, au commencement du mois de juillet 1879, Satan, voyant que Joséphine était revenue prier en ce lieu, alla l'y trouver avec un redoublement de rage et de fureur. Mais cette fois il ne prit pas la forme trompeuse d'un ange de lumière, pour lui apparaître visiblement ; il prit une forme plus adaptée à sa fureur, la forme d'un ours horrible. Il tenait dans sa patte un véritable poignard dont Joséphine vit luire la lame effilée, et dont il lui donna un coup terrible dans la poitrine. Pour cette fois, Dieu ne permit pas que la lame atteignit le corps de Joséphine. Elle fut seulement renversée du coup, mais non blessée. Les personnes qui étaient venues pour prier avec elle la relevèrent. Elle était sans connaissance et comme morte. On la transporta dans sa maison. On la mit sur son lit, et elle y resta pendant quinze jours à l'agonie.

Les parents de Joséphine s'affligeaient de se voir ainsi en butte aux médisances et aux calomnies des hommes, et en même temps aux persécutions du démon. Joséphine s'appliquait elle-même à les consoler et à relever leur courage. C'est ce que nous voyons dans une lettre qu'elle écrivit, le 3 septembre suivant, à son frère et à sa belle-sœur à Bourges,

4

Nous reproduisons ici cette lettre tout entière, parce que Joséphine nous y découvre involontairement et à son insu, les sentiments les plus chrétiens de son âme, en même temps qu'elle y parle du coup de poignard qu'elle avait reçu de Satan.

> » Boulleret, 3 septembre 1879.

> » MON CHER FRÈRE ET MA CHÈRE SŒUR,

> » Je crains toujours que vous ne soyez dans la peine et dans l'ennui à cause de moi ; soyez bien persuadés que si vous êtes humiliés à cause de moi, c'est loin d'être ma faute. Je vous prie de croire que si je vous mets dans la peine, j'y suis bien aussi. Mais malgré toutes les épreuves et les persécutions, je n'abandonnerai jamais Dieu ni la Sainte Vierge. Je continuerai toujours de remplir le mieux qu'il me sera possible mes devoirs de piété, car nous devons bien savoir que nous n'aurions rien sans peine, et point de récompense sans l'avoir méritée. Par conséquent, mon cher frère, il faut te résigner à bien souffrir, et supporter avec patience les souffrances que Dieu t'envoie, et ne pas écouter les inspirations du démon. Le bon Dieu permet souvent que le démon nous tente pour éprouver notre patience et notre foi. Voyez le saint homme Job, comme il a été éprouvé corporellement ; mais malgré tout, il n'a jamais abandonné Dieu. Eh bien ! nous devons prendre exemple sur lui, nous remonter en force, en courage, et redoubler de ferveur dans nos prières et penser que ces souffrances n'auront qu'un temps. Je suis bien peinée, mon pauvre frère, de te savoir dans cette triste position. Je prierai pour toi tout particulièrement. Vous me demandez, ma bonne Marie, ce qu'il y a de nouveau au Jarrier : Je vous dirai qu'au commencement de juillet, je suis allée au Jarrier avec

plusieurs personnes de Boulleret, et qu'étant dans le *rond* (le parterre) à prier, j'ai été frappée d'un coup de poignard dans le sein gauche par le démon, et cependant sans être blessée. Les personnes m'ont relevée comme morte, et depuis ce coup je suis restée 15 jours à l'agonie.

> » Joséphine REVERDY ».

Telles étaient la patience et la résignation de Joséphine au milieu de ses souffrances et de ses épreuves. On voit qu'elle avait grandement profité à l'école de la Sainte Vierge.

Deux mois après, le 18 novembre, elle mit au monde sa seconde fille qu'elle appela du nom de Marie si cher à son cœur. Malgré ses souffrances, ses vomissements de sang continuels, et sa privation de nourriture, elle put parfaitement allaiter elle-même son enfant. Les médecins en étaient fort étonnés, et ils disaient que cela n'était pas possible naturellement.

Tout cela ne faisait pas bien le compte du démon. Aussi, le 15 mars 1880, il revint à la charge pour tenter Joséphine et la faire renoncer à ses apparitions. Elle était couchée et bien souffrante. Tout à coup, le démon entr'ouvre les rideaux de son lit et lui apparaît comme le 18 septembre 1878, sous la forme d'un ange de lumière. Voici dans quels termes Joséphine raconte ce fait, dans une lettre qu'elle écrivit à son frère à Bourges :

« MON CHER FRÈRE,

» Je vais te rapporter les paroles que l'ange m'a adressées avec un ton de colère mal contenue.

» Femme, Dieu t'envoie dire qu'il faut te préparer à la mort, car ton âme doit paraître devant lui pour être jugée samedi, et d'ici là, si tu as le malheur de t'arrêter et de croire à tout ce que le démon t'a dit, tu n'entreras jamais dans son royaume comme je te l'ai déjà dit. Et le lendemain je suis tombée sans connaissance et en léthargie, de manière qu'on était obligé de me tourner dans mon lit pour que l'on pût faire téter ma petite fille. Je suis restée 12 jours dans cette position. Mais malgré mes souffrances et sans prendre une seule goutte de bouillon pendant tout ce temps, j'avais même plus de lait qu'à l'ordinaire.

» Joséphine REVERDY. »

Quelques jours après, le démon lui apparut encore et lui dit : « Cette enfant que tu nourris m'appartient, puisqu'elle suce un lait vicié par moi. »

Evidemment, en parlant de la sorte, le démon, ce jour-là, avait oublié sa logique. Néanmoins, quelque peu logique que fût cette raison, elle ne laissait pas que de faire impression sur le cœur d'une mère. C'est pour la rassurer contre cette vaine crainte, et en même temps pour la consoler et l'encourager, que la Mère des mères, la Mère toute miséricordieuse daigna enfin lui réapparaître le 1er mai 1880, au Jarrier, dans le parterre de la prairie.

22e APPARITION. (*Le 1er mai 1880*).

Pendant que Joséphine priait devant la petite statue du parterre, elle tomba en extase, et la Sainte Vierge lui apparut. Elle était vêtue de blanc ; elle portait une ceinture noire nouée sur le côté gauche, et tout près d'elle, à sa gauche, se tenait debout une grande croix sur laquelle flottait un voile noir. Elle pleurait. Elle lui dit :

« Ma chère fille, je te le répète encore, résignation, courage » et confiance au milieu des épreuves et des persécutions que

» tu ressens et que tu dois encore ressentir de la part du dé-
» mon, de la part du monde et de quelques-uns de tes pa-
» rents. Et sois sans inquiétude au sujet de ton enfant. Tu
» peux croire que tu es considérée aux yeux de Dieu et de ta
» divine Mère, étant mère une seconde fois comme l'étant une
» première fois. Et l'innocente que tu nourris à ton sein nous
» appartient.

» Dieu te préservera de vomir durant ce mois les vendredis
» et les dimanches; et durant le mois du Sacré-Cœur de Jé-
» sus, d'un vendredi seulement et de tous les dimanches, en
» tout cas que ton confesseur jugerait à propos de te donner la
» sainte communion, qui te donnerait la force de triompher de
» l'œuvre du démon et dans l'intention de ramener les pé-
» cheurs à la pénitence. Recommande bien à tout le monde de
» prier, de prier beaucoup et de faire de bonnes communions. »

La Sainte Vierge lève les yeux au ciel :

« Courage, pauvre France ! pauvre Eglise ! pauvre Clergé !
» Courage, tous les associés de Jésus-Crist ! Vous ne serez pas
» ébranlés au-delà de vos forces. Après la persécution, l'Eglise
» triomphera et refleurira.

» Surtout grande humilité, obéissance et soumission envers
» ton pauvre confesseur. Conduis-toi bien. »

Ce qu'il y a de remarquable dans cette apparition, c'est l'assurance que la Sainte Vierge donne à Joséphine, qu'elle est
considérée de Dieu et de sa divine Mère, étant mère une seconde fois, comme l'étant une première fois.

Ces paroles de la Sainte Vierge nous donnent l'occasion de
répondre à une objection que font certains esprits à courte
vue : Comment croire, disent-ils, que la Sainte Vierge appa-
raisse à une femme mariée et qui a des enfants ? Si c'était une
fille, une religieuse, une vierge enfin, on le croirait volontiers.

Voici notre réponse : Si la Sainte Vierge apparaît ici à une femme mariée plutôt qu'à une vierge, c'est pour réhabiliter le mariage dont on méconnaît trop aujourd'hui la grandeur et la sainteté. Epoux chrétiens, allez à Boulleret apprendre de Joséphine à bien remplir vos devoirs. Il en est grand temps, car c'est surtout par là que nous périssons. Méditez les paroles que la Sainte Vierge adresse à Joséphine dans sa 20e apparition, le 15 août 1878 : *Tu as aussi les devoirs de ton état à remplir, et je t'ordonne de les bien remplir.*

Dans l'apparition qui nous occupe, on a pu remarquer ces paroles de Celle que l'Eglise appelle Reine du clergé : *Courage, pauvre Clergé ! Courage tous les associés de Jésus-Christ ! vous ne serez pas ébranlés au-delà de vos forces !* C'était le 1er mai 1880 que la Sainte Vierge adressait ces paroles aux ordres religieux. L'exécution des fameux décrets eut lieu, pour la Société de Jésus, le 29 juin, et pour les autres religieux, dans le courant du mois de novembre de la même année.

Enfin, ce qu'il y a encore de remarquable dans cette apparition, c'est l'annonce de nouvelles et plus terribles persécutions de la part du démon. Elles ne manquèrent pas d'arriver, comme nous allons le voir.

CHAPITRE XIII.

Le démon apparaît à Joséphine sous diverses formes, et lui donne quatre coups de poignard. — 23e apparition de la Sainte Vierge.

Nous lisons dans le livre de Job, qu'un jour Satan se présenta devant le Seigneur et lui dit : « Il n'est pas étonnant que » Job soit resté fidèle tant que vous n'avez fait que le priver

» des biens extérieurs ; mais étendez votre main et frappez ses
» os et sa chair, et vous verrez s'il ne vous maudira pas en
» face. »

» Le Seigneur dit à Satan : « Va, il est en ta main. Je te
» donne le pouvoir de le frapper dans sa chair ; mais ne le
» fais point mourir. »

» Satan étant donc sorti de devant le Seigneur, frappa Job
d'une plaie très cruelle. » (Job, II, 6, 7).

Ce qui est arrivé pour Job s'est renouvelé pour la voyante
de Boulleret. Satan a reçu de Dieu la permission de la frapper
dans sa chair, sans cependant lui ôter la vie. Nous allons voir
comment il s'y prit. Mais avant de faire le récit des blessures
sanglantes, il nous faut raconter les persécutions qui les précé-
dèrent.

Le 21 mars 1881, à quatre heures du matin, Joséphine étant
malade et incapable de sortir de son lit, se sent prise d'une
crise de vomissement. Elle appelle son mari pour qu'il vienne
lui présenter la cuvette où elle vomit ordinairement. Mais
elle a beau appeler ; le mari, ce jour-là, n'entend rien. Alors le
démon se présente comme un domestique de la maison, habillé
d'une espèce d'habit d'arlequin, comme en portent les saltim-
banques dans les foires. — Ce n'est pas la peine, lui dit-il, de
déranger ton mari : c'est moi qui veux te servir. J'aime beaucoup ta personne ; je te servirai de domestique. Voilà la cuvette où tu vas vomir. Disant cela, il lui met sous la bouche
une petite cuvette où la malade est forcée de vomir le sang.
Puis il lui dit : Quand un nouveau domestique arrive dans une
maison, il y a ordinairement de grands changements. Et
soudain, il s'allonge comme un caoutchouc, dit Joséphine,
arrive au ciel du lit, en décroche les anneaux qui le fixaient
au plafond, et fourre la petite cuvette remplie de sang sur le
ciel du lit. Cela fait, il se tourne vers Joséphine tout en

colère et lui dit : Vois-tu, partout où tu iras je te poursuivrai, et si tu ne veux pas m'obéir, je t'emporterai. Comme il faisait mine en même temps de vouloir la saisir pour l'emporter, Joséphine, effrayée, se met à crier. A ces cris, le mari se réveille enfin et lui dit : Qu'est-ce que tu as ? — C'est le démon qui voulait m'emporter. Mais pourquoi donc n'es-tu pas venu quand je t'appelais pour me présenter la cuvette à vomir ? — Je n'ai rien entendu. — Tiens regarde sur le ciel du lit. Le démon m'a fait vomir dans la petite cuvette et là fourrée là-haut. Le mari monte sur le lit, et il est stupéfait d'y trouver en effet la cuvette remplie de sang.

Le 23 mars, le démon apparaît de nouveau à Joséphine, s'annonçant encore comme un domestique qui venait pour la servir. Il était habillé en saltimbanque et tenait à la main un torchon allumé en guise de bougie. Le nouveau domestique passe et repasse ce torchon allumé près de la figure la de malade et puis le jette par dessus le ciel du lit, qui prend feu aussitôt ; mais les personnes qui étaient présentes s'y précipitèrent pour éteindre le feu.

Le même jour, devant 4 témoins, le démon prend dans une armoire le voile de noces de la malade et le met tout en feu sous l'édredon du lit qui prit feu en même temps ; mais on l'éteignit aussitôt.

Le lendemain, le démon apparut lui-même, tout en feu, à la malade et communiqua le feu à l'édredon du lit, rien qu'en le touchant. Au bout d'un instant les assistants virent une lumière entrer par la fenêtre dans la chambre et en sortir peu après par le même endroit.

Quelques jours après le démon apparaît à Joséphine et lui dit : Je suis ton domestique et je désire te servir. Je vais te faire voir un petit échantillon de mon travail. Je vais commencer par assommer ta fille d'un coup de chaise. Aussitôt, sous les yeux de Joséphine, une chaise est enlevée de sa place et lancée avec violence contre le lit où la petite fille dormait ; mais la chaise tomba à côté d'elle sans la toucher. Elle fit un si grand bruit, en tombant, qu'on crut que la maison allait s'écrouler.

Le 4 avril, le démon obsédait la malade et la mettait dans un état d'ivresse complète, en sorte qu'elle criait et chantait dans son lit comme les ivrognes des rues, sans qu'elle eût bu la moindre goutte de vin. Quelque temps après ce n'était plus un état d'ivresse, mais une véritable obsession du démon. Elle était soulevée de son lit par une force invisible, en sorte que trois ou quatre personnes avaient beaucoup de peine à la retenir dans son lit.

Dans cette extrémité, on alla prier M. le Curé de venir essayer, par ses prières, de délivrer Joséphine du démon. M. le Curé vint ; mais à peine eut-il paru dans la chambre que l'obsédée se mit à lui dire les plus grossières injures. Le ministre de Dieu, sans s'émouvoir, fit mettre tous les assistants à genoux, en prières, puis, prenant un peu d'eau bénite, il en aspergea la malade en prononçant ces simples paroles : *Benedictio Dei omnipotentis Patris et Filii et Spiritus Sancti descendat super te et maneat semper.* Immédiatement Joséphine revient à elle-même, et remercie M. le Curé, en souriant, de l'avoir délivrée du démon.

Le lendemain le démon, furieux, se présente chez Joséphine et lui dit : Ah ! ton Charles noir (M. le Curé s'appelle Charles), ton rabbin noir est venu hier t'asperger d'eau bénite, eh bien ! moi aussi je veux t'asperger d'une bonne manière ; car puisqu'il faut que je te quitte, avant de te quitter, je veux te donner ma bénédiction. Aussitôt voilà une pluie d'encre noire qui tombe sur elle. Les assistants stupéfaits voyaient tomber l'encre comme une pluie battante de dessous les rideaux, en

⁎⁎

sorte qu'en un instant la pauvre malade fut toute noircie et couverte d'encre, ainsi que son lit. »

Voici comment un des témoins oculaires de ce fait singulier, Mme Léonide Faillard', le raconte dans une lettre que nous avons sous les yeux. — « Le 5 avril, nous étions réunies, 6 personnes, pour réciter le chapelet auprès du lit de Joséphine, afin de demander à la très Sainte Vierge la grâce de délivrer cette pauvre malheureuse de ces persécutions du démon. Nous étions à genoux pour commencer, quand tout à coup nous voyons Joséphine effrayée. Moi, je me lève et je vais près d'elle, et en même temps je vois tomber sur elle, de dessous les rideaux, comme une pluie d'encre et une pluie battante. Ses draps, sa camisole, son bonnet, sa figure en furent remplis. Je voulais jeter de l'eau bénite, mais j'étais tellement saisie que je ne la voyais pas. Ce fut son mari qui' étant entré en même temps, jeta de l'eau bénite sur son lit, et aussitôt cette pluie d'encre cessa. Nous étant un peu rassurées, nous voulions recommencer le chapelet. Aussitôt nous entendons un bruit épouvantable. Nous regardons : c'était une petite salière qui, de dessus la table, avait été jetée au milieu de la chambre. Nous la ramassons; elle était tellement brûlante que nous ne pouvions pas la tenir dans nos mains. »

La même personne raconte encore ceci : — « Le 25 avril, nous étions à peu près vingt personnes dans la chambre de Joséphine. Nous nous mettons à genoux pour réciter le chapelet. Je me trouvais tout à fait en face de Joséphine. Je la voyais bien tourmentée; elle ne pouvait pas respirer. Tout à coup les cordes qui retenaient le baldaquin de son lit sont coupées et les rideaux tombent sur elle, en sorte qu'elle en est toute enveloppée et entortillée. »

Le 27 avril, le démon apparaît à Joséphine sous la forme d'un domestique. Il casse la cuvette remplie du sang qu'elle avait vomi dans la journée, et il répand le sang partout dans la chambre et sur le lit, en lui disant : « Sainte, tu ne veux pas être tachée ; je veux que tu le sois ; je veux te tacher de sang. »

Le même jour, le démon apparait à Joséphine sous une forme d'ours, tenant dans sa patte un poignard. Il monte sur son lit en lui disant : « Aujourd'hui, si je le peux, je veux te faire répandre du sang. » Joséphine voyant qu'il dirigeait la pointe du poignard vers sa poitrine, se relève, étend la main pour le repousser, et reçoit à la main une blessure qui saigna beaucoup, au grand étonnement des assistants.

Evidemment Satan veut attenter à la vie de Joséphine ; mais il lui a été dit, comme lorsqu'il voulut attenter à la vie de Job : *Ecce in manu tuâ est ; verum tamen animam illius serva* ; il t'est permis de la frapper ; mais non de la tuer (Job. 2, 6.). Et Satan frappera Joséphine de son poignard juequ'à sept fois, sans pouvoir lui ôter la vie. De son côté Joséphine ne craint pas les coups de Satan, car elle se souvient des paroles que lui a dites sa bonne Mère : *Que l'arme de Satan ne te fasse point frayeur.*

Le 28 avril 1881, Joséphine était couchée dans son lit et seule dans sa chambre. Les rideaux de son lit étaient fermés. Tout à coup les rideaux s'entr'ouvrent et le démon lui apparaît sous la forme d'un ange de lumière, et, du ton le plus paternel, il lui dit : « Mon enfant, n'aie pas frayeur. Je viens de la part de Dieu pour te consoler de toutes les persécutions que tu souffres de la part du démon. Renonce à tes visions ou bien tu périras, car toutes ces visions que tu as eues ne viennent pas de la Sainte Vierge ; elles ne viennent que du démon. Renonce donc à tes appréciations ou bien tu périras. » Joséphine lui répond : « Je n'y renoncerai pas et je ne périrai pas. » Trois fois le démon répète la même sommation ; mais trois fois, comme un simple commissaire devant la porte d'un souvent, il reçoit de Joséphine cette fière réponse : « Je n'y renoncerai pas et je ne périrai pas. » Aussitôt le démon entre en fureur ; il se tranforme en une espèce d'ours épouvantable, ayant son poignard dans sa patte, et la frappe de deux coups à la poitrine, au-dessus des deux seins. L'arme, cette fois, atteignit Joséphine, et lui fit deux blessures profondes, qui jetèrent des flots de sang. On ne parvint à l'étancher qu'en appliquant un linge imbibé d'eau de Lourdes.

Le soir de ce même jour, le démon apparut de nouveau à Joséphine, sous la forme d'un ours et la frappa de nouveau de son poignard à la poitrine. Il lui fit une troisième blessure encore plus profonde que les deux premières et qui jeta des flots de sang. Deux témoins étaient présents au moment où elle reçut cette troisième blessure ; et aussitôt, sous les yeux de ces personnes une bouteille, qui était sur la table, fut lancée, par une main invisible, contre les carreaux de la fenêtre qui volèrent en éclats. La bouteille alla tomber dans la rue, sans se casser.

Le lendemain 30 avril, le démon apparut de nouveau à Joséphine sous la forme d'un ours armé du poignard et, devant 9 témoins, lui fit une quatrième blessure à la poitrine. Pendant la veillée, des cris sauvages se firent entendre à la fenêtre de la chambre et dans le grenier, en sorte que toutes les personnes présentes en furent fort effrayées.

Laissons ici la parole à un témoin oculaire des faits, Mᵐᵉ Lherbé, de Cosne, qui va visiter souvent Joséphine. Voici ce qu'elle écrivait le 2 mai 1881, à M. Reverdy, frère de la voyante, à Bourges :

« CHER MONSIEUR,

» Je viens vous dire que mon intention était bien de vous renseigner sur les évènements qui sont arrivés. Mais le démon, furieux de l'œuvre de Dieu, a tellement persécuté cette chère Joséphine, et en présence de tant de personnes, qu'il m'était impossible de vous raconter tout par correspondance. Moi-même j'ai été poussée hors de la chambre de Joséphine par le démon, qui m'a lancé sur le dos, avec beaucoup de force, un citron qui se trouvait sur la table. Aussitôt après mon départ, il s'est vanté, cet *imbécile*, que je n'y reviendrais plus parce qu'il m'avait frappée et chassée. Comme tout ce qu'il dit n'est que mensonge, je me suis sentie, au' contraire, plus portée que jamais à retourner vers cette chère enfant, qui n'avait besoin que de consolation, pour l'aider à prier. J'y suis retournée presque tous les jours. Vous raconter tout ce qui s'est passé, c'est impossible. Je vous dirai seulement qu'après toutes les persécutions qui avaient déjà eu lieu, le mercredi saint, Joséphine entendit dans sa chambre une voix qui fut entendue également de Louis, son mari, et d'Ernestine, sa fille. C'était, disent-ils, une voix céleste comme on n'en entend point sur la terre. Elle chantait : *Courage, espoir, confiance ! vous triompherez de l'œuvre du démon. O ma fille bien-aimée, demain tu iras à l'église.*

» En effet, le lendemain, jeudi-saint, Joséphine se leva et alla faire la sainte communion à l'église pour reprendre ensuite son lit de souffrance. Depuis lors, le démon a continué de la persécuter. Samedi dernier, il lui a fait avec son poignard une quatrième blessure à la poitrine. Cette blessure était si profonde qu'on lui voyait l'os ; elle avait deux centimètres de large. Le sang est parti en abondance et s'est arrêté subitement par l'eau de Lourdes.

» Hier dimanche, 1er mai, nous étions en assez grand nombre dans la chambre de Joséphine, car beaucoup de personnes étaient venues voir ses blessures. Lorsque je suis arrivée à une heure et demie du soir, elle était encore au lit. Je lui ai dit : « Bonne Josephine, j'amène une voiture et nous allons tous prier au Jarrier. » Elle me répond : « Je n'en ai pas la permission. » Je vais aussitôt chez M. le Curé, qui me dit : « Madame par prudence n'emmenez pas Joséphine au Jarrier. Allez-y, vous autres, si vous voulez, mais pour Joséphine, j'aime mieux ne pas lui accorder cette permission. » Je lui ai répondu : « Mais elle se sent poussée à aller aux vêpres. — Eh bien, dit-il, qu'elle se lève, si elle se sent la force, et qu'elle aille aux vêpres. Je ne l'en empêche pas, puisque je lui ai donné, ce matin, la sainte communion.

» Elle se lève et nous l'emmenons aux vêpres. De retour à la maison elle nous dit : « Il faut faire une prière. » Tout le monde se met à genoux, et nous récitons les Litanies de la Sainte Vierge. Après cela, nous nous disposions à aller au Jarrier, lorsque Joséphine nous dit : « Quand bien même j'aurais la permission d'aller au Jarrier, la force me manquerait. » Elle avait à peine achevé ces paroles que nous la voyons tomber en extase. Aussitôt je dis : « Mesdames, voyez, elle est en extase ! Elle doit avoir, sans doute, quelque apparition ! » Nous étions une vingtaine de personnes. Nous nous mîmes toutes à genoux en silence. Il était quatre heures et demie. Au bout de dix minutes, elle sortit de son extase et nous raconta en peu de mots ce que la Sainte Vierge lui avait dit. Je vous l'écrirai prochainement.

« Agréez, cher Monsieur, etc.

» Femme Lherbé. »

Voici le récit de cette apparition du 1er mai 1881. C'est la 23e, et l'une des plus remarquables :

La Sainte Vierge apparaît à Joséphine avec un cœur transpercé de sept flèches et tout embrasé de flammes. Elle avait une robe blanche et une ceinture noire. Elle tenait à la main

droite un drapeau blanc dont la hampe était dorée et sur-
montée d'une fleur de lis ; dans son bras gauche étaient plusieurs couronnes de roses rouges entremêlées de feuilles vertes. A sa gauche se tenait debout une grande croix de bois ;
sur le croisillon, du côté de la Sainte Vierge, était un deuil ;
sur l'autre croisillon, un linceul ensanglanté. Au pied de la
croix étaient différentes armes de guerre.

La Sainte Vierge pleurait. Elle dit :

« Mon enfant, l'obéissance avant tout. »

Elle fixe ensuite les assistants et dit :

« Ames pieuses et fidèles, j'admire votre courage, votre con-
» fiance et votre persévérance en cette œuvre de Notre-Dame-
» des-Septs-Douleurs, qui a daigné apparaître au Jarrier. Priez
» beaucoup ; faites de bonnes et ferventes communions. L'im-
» piété s'agite avec furie, une grande partie du peuple est
» assise à l'ombre de la mort. L'Eglise est en péril : les vagues
» ne cessent de mugir contre elle ; le démon fait tous ses plus
» grands efforts sur la France, déjà blessée par sa malice. »

La Sainte Vierge lève les yeux au ciel et dit :

« Toi, ô France, la bien-aimée de mon cœur, fille aînée de
» l'Eglise, qui étais la première en tête à rendre l'honneur, la
» gloire, le culte dans le temple du Seigneur, à vénérer et
» honorer mes sanctuaires, tu nous abandonnes et nous dé-
» laisses ; et aujourd'hui, tu es la première à poser le pied sur
» le Christ, Fils du Dieu vivant, Dieu de l'Eucharistie, le Pain
» des forts. Tu es aussi le scandale et la ruine des puissances
» étrangères. Ce siècle est sourd aux menaces des cieux et aux
» avertissements que Dieu lui envoie. Vous touchez aux tristes
» et cruels événements, aux fléaux que Dieu va répandre sur
» son peuple rebelle. Le sang coulera sous le tranchant des
» épées meurtrières, sous le joug et le feu de différentes armes.
» Ce châtiment sera court, mais terrible et épouvantable. Pour

» quelques bons, vrais et fidèles serviteurs de Dieu qui se se-
» ront rangés sous l'étendard de la croix, après leurs combats,
» leur victoire et leur triomphe sera le Ciel et la couronne des
» martyrs. Mettez toute votre confiance dans le Sacré Cœur de
» Jésus et en sa divine Mère, vous ne serez point ébranlés au-
» delà de vos forces. »

En ce moment, l'apparition se transforme. La croix, le cœur
transpercé de sept flèches, les armes, les couronnes rouges et la
ceinture noire disparaissent. La Sainte Vierge se montre avec
une couronne de lis blancs sur la tête, et un massif de lis
blancs à ses pieds. Elle souriait un peu et dit :

« Croyez bien que l'arbre qui commence à être agité par le
» vent, la foudre et la tempête ne sera point brisé ni déraciné.
» Il n'en tombera que les mauvaises fleurs piquées des vers,
» qui seront foulées aux pieds et qui n'auront point le pouvoir
» de répandre leur venin. Celles qui resteront sur l'arbre pro-
» duiront de bons fruits, qui répandront un parfum et une sua-
» vité qui fera renaître le germe du triomphe dans le cœur de
» l'Eglise. Et mon pied vainqueur, sur la France meurtrie et
» souillée, écrasera le serpent infernal, et lui rendra l'hon-
» neur, la gloire et les vertus dont il l'a dépouillée. »

La Sainte Vierge s'adresse à la voyante :

« Ma chère fille, calme tes craintes, tes inquiétudes ; éloigne
» de toi la mélancolie. Durant le mois du Sacré-Cœur de Jé-
» sus et de sa divine Mère, le démon n'aura pas le pouvoir de
» te persécuter aussi cruellement. Preuve que tu n'es point
» abandonnée de Dieu le Père, de Dieu le Fils, de Dieu
» le Saint-Esprit, de la Sainte Vierge, de S. Joseph, ton
» protecteur ; par son intercession, il t'est accordé un sur-
» croît de soulagement. Tu seras préservée de ton vomis-
» sement tous les mercredis, pendant ces deux mois. Pour-
» quoi te décourager et te laisser aller au désespoir ? Ne

» t'ai-je point prévenue des persécutions du démon, et que
» son arme ne devait point te faire frayeur ? Tu n'es pas en-
» core à ta dernière blessure. Que t'importe quand il te rédui-
» rait à la dernière misère et ferait tourner ton corps en pour-
» riture. Ce ne serait toujours que par la permission de Dieu.
» S'il lui a permis de se mettre dans cet état de fourberie, de
» furie et d'extravagance, c'est pour t'apprendre que tu ne dois
» jamais dire : lorsque je serai au dernier point, je ne rappel-
» lerai point mon confesseur. Jamais de plainte ni de mur-
» mure ; toujours la soumission et l'obéissance envers Lui !
» Surtout ne crois point aux mensonges de l'ange des abîmes
» et du serpent furieux. Si, par malheur, tu tombais dans une
» faute grave, qui causerait une nouvelle et grave blessure à
» mon cœur, je ne t'abandonnerais point au démon pour
» cela (1). Est-ce que Jésus-Christ n'a pas institué les eaux
» salutaires du sacrement de Pénitence, qui lave et purifie les
» âmes qui ont le malheur de tomber dans le bourbier ? Mais
» cependant, ne te laisse point succomber par ses tentations,
» fais tous tes efforts pour combattre et je t'aiderai. Plus tu es
» persécutée par le démon, plus Dieu veille sur toi, et te pro-
» tège. Défie-toi toujours ; il t'apparaîtra sous différentes for-
» mes et te surprendra au moment que tu t'y attendras le
» moins.

» Je te le répète encore, aie toujours confiance en ton con-
» fesseur. Prie beaucoup et fais beaucoup prier pour lui. Dis-
» lui qu'il prévienne ses confrères, s'il lui est possible, que, tout
» en soutenant le droit et la cause de la religion, d'agir avec
» une grande prudence en toute circonstance, de garder le

---

(1) Ces paroles répondent à une menace que le démon avait faite à
Joséphine : qu'il la ferait tomber dans quelque péché mortel, et qu'elle
serait alors en son pouvoir.

» plus grand silence ; de s'occuper et parler de politique le
» moins possible, surtout dans les prônes du dimanche. Le
» monde est trop mal disposé et acharné contre le clergé ; il
» ne s'attirerait que des menaces.

» Pour ton directeur dans ces temps funestes, qu'il prenne
» toute ses précautions pour ne jamais s'aventurer au retard
» dans ses voyages et de s'absenter seul le moins possible, afin
» de ne pas se trouver exposé aux menaces et aux violences
» des mauvais sujets, quoique le bras de Dieu soit là pour le
» secourir. Il recevra aussi sa part de persécutions du démon ;
» qu'il accepte tout avec patience, en esprit de pénitence , et
» pour l'expiation de ses péchés. Cela ne lui sera pas moins
» favorable pour le Ciel et le préservera des grandes peines du
» Purgatoire. »

CHAPITRE XIV.

Le démon donne trois nouveaux coups de poignard. — Il emporte la
voyante dans la rue. — Il met le feu à son lit. — Joséphine subit
un interrogatoire juridique.

Dans l'apparition précédente, nous avons vu que la Sainte
Vierge dit à la voyante : « Durant le mois de mai et le mois
« de juin, le démon n'aura pas le pouvoir de te persécuter
« aussi cruellement. »

« — Tu seras préservée de ton vomissement tous les mer-
« credis, pendant ces deux mois. »

« — Tu n'es pas encore à ta dernière blessure. »

Voilà trois prédictions qui se sont parfaitement réalisées.
Pendant les deux mois de mai et de juin, Joséphine fut préservée de son vomissement tous les mercredis, jours consacrés
à Saint Joseph; car la Sainte Vierge lui avait dit que c'était
à l'intercession de S. Joseph, son protecteur, qu'elle devait
ce surcroît de soulagement.

De plus pendant ces deux mois elle fut préservée des cruelles
persécutions du démon, c'est-à-dire de ses coups de poignard.
Or, évidemment ceci était en dehors de toute prévision humaine, ce qui donne forcément un caractère divin à la prédiction Car en supposant, comme le prétend l'incrédulité
réduite aux abois, que l'imagination et l'hystérie pussent
produire les vomissements de sang et faire prévoir les jours
où la voyante en est préservée, comment l'hysterie et l'imagination pourraient-elles produire en elle des coups de poignard? lui faire prédire qu'elle en sera préservée pendant
les deux mois suivants? et surtout lui faire annoncer qu'elle
n'est pas à sa dernière blessure?

Telles sont les absurdités dans lesquelles tombent néces-
sairement les esprits aveuglés qui veulent nier le surnaturel
quand même. Or, dans les événements de Boulleret, le surnaturel divin déborde, pour ainsi dire, de tous côtés ; il s'impose
à tout esprit non prévenu avec une force de plus en plus irrésistible, avec une évidence qui resplendit comme le soleil.
En disant ceci, nous ne faisons qu'exprimer notre conviction
personnelle, car nous attendons toujours le jugement de
l'Eglise pour nous y soumettre pleinement. « Tu n'es pas
» encore à ta dernière blessure, avait dit la Sainte Vierge à
» Joséphine. — Défie-toi toujours du démon. Il t'apparaîtra
» sous différentes formes, et te surprendra au moment que
» tu t'y attendras le moins ».

Ce fut durant les mois de juillet et août suivants, que cette prédiction reçut son accomplissement. Le démon, en effet, surprit Joséphine et la frappa de nouveau avec son arme au moment où elle s'y attendait le moins. Car jamais elle ne se serait attendue à être frappée dans l'église, pendant le saint sacrifice de la messe, au moment où elle se préparait à la sainte communion, en plein jour et devant plus de cinquante témoins ; voilà pourtant ce qui eût lieu le 16 juillet, jour de la fête de Notre-Dame du Mont-Carmel. Le fait est si extraordinaire, qu'il convient de céder ici la parole à un témoin oculaire que nous déjà cité, Mme Lherbé, de Cosne, femme d'une grande piété et très estimée dans la localité. Voici la lettre qu'elle écrivait le lendemain même, à Reverdy, frère de la voyante, ainsi qu'à sa femme, à Bourges. Nous allons reproduire sa lettre en entier avec tout le pittoresque et l'originalité de son style.

« Cosne, le 17 juillet, 1881.

» CHER MONSIEUR ET CHÈRE MADAME,

» Je ne puis passer sous silence ce qui est arrivé hier, à Boulleret, à votre sœur. Ses vacances sont donc terminées. Cette chère enfant n'a pas beaucoup de répit, une fois les mois de mai et de juin terminés.

» Hier, je suis partie de Cosne à 6 heures du matin ; j'arrivai à Boulleret à 7 heures et demie, et j'allai directement à l'église pour assister et faire la sainte communion à la messe de 8 heures. Joséphine est venue avec sa mère et Mlle Florentine assister à la messe et faire la sainte communion avec nous toutes.

» Nous étions donc toutes à prier tranquilles. On en était à l'Evangile, tout le monde était debout. Mme Sémalin était à la droite de Joséphine et moi à sa gauche et beaucoup de

personnes dans l'église, lorsque tout à coup Joséphine jette
un cri en tombant à la renverse sur le banc, et criant : « Mon
Dieu, ayez donc pitié de moi ! » C'était cet affreux et abomina-
ble *singe*, qui venait de la frapper avec l'arme qui lui avait
déjà servi au mois d'avril ; il a traversé le corsage, la camisole
la guimpe et la chemise. La blessure était tellement profonde
que le sang partit à grands flots. Toujours en silence, puisque ceci se passait pendant le saint sacrifice de la messe, je
donne mon mouchoir à Mme Réné, qui est allée le tremper
dans le bénitier, et nous le lui avons mis sur la plaie. Le
sang coulait toujours. Pendant ce temps, Mlle Florentine cou-
rait chez Joséphine chercher la bouteille d'eau de Lourdes ;
nous lui en avons mis sur la plaie, le sang s'est arrêté immédiatement.

» Bref, Joséphine a pu faire la sainte communion, et nous
l'avons emmenée chez elle, après la messe. Elle baignait dans
son sang.

» Que l'on juge donc maintenant, en la voyant, si une autre
personne pourrait vivre ainsi.

» Il faut vous dire que cette espèce *d'abruti* lui était apparu, la veille, sous la forme d'un beau monsieur. Il l'avait
rencontée dans cette petite rue qui descend chez le maréchal.
Il se présente à elle en lui disant : « Tiens, Joséphine, te voilà
Je suis bien aise de te voir. » En même temps, il lui tend la
main. Elle se retire en lui répondant : « Je ne donne de poignée
de main à personne ; » et elle continue son chemin. Il la poursuit en la menaçant. Il lui dit : » Ah !tu veux être entêtée, je
le serai aussi, moi. Je vais recommencer mon trafic. A
chaque fois que tu iras au confessionnal ou à la communion,
je te blesserai si profondément que tu n'auras plus envie d'y
aller. Petite imbécile, tu te confies toujours en ton curé qui
se moque de toi, qui refuse même de te croire ; tu peux bien

lui faire des confidences, petite bête ! Du reste, je te tiendrai
de si près qu'il faudra que tu renonces à tes apparitions.

» C'est comme ce démon qui t'est apparu dans ta chambre,
le 1er mai. Est-ce que je ne suis pas capable, comme lui, de
te dire que, dans deux mois, tous les rabbins noirs (les prêtres) seront égorgés ? » Ayant dit cela, il a disparu.

» Croyez vous qu'il a de l'audace en lui disant : ce démon
du 1er mai ? *Quel sale oiseau* ! Je ne me suis donc pas étonnée ensuite de ce qu'il lui a fait à l'église. Le soir même vers
3 heures, il lui a replongé son arme dans la même blessure.
Alors nous l'avons mise dans son lit. On pouvait dire qu'elle
baignait dans le sang. Sa faiblesse était si grande que
j'ai été chercher M. le Curé, qui est venu la consoler par
des paroles rassurrantes.

» Ce pauvre petit Louis (le mari de Joséphine) était défiguré,
tant il était consterné ; il ressemblait à un mort. Jamais
plus je n'ai eu si peur moi-même. En vous écrivant encore,
les frissons me prennent. Oui, je puis dire que j'ai eu peur !..
Beaucoup de monde sont interdits dans Boulleret ; ils ne
savent que penser. Je suis allée chez les sœurs et je leur ai
fait voir sa chemise ensanglantée, que j'ai emportée chez moi
et que je veux garder comme souvenir.

» Agréez, etc.

» Femme LHERBÉ. »

Qu'il nous soit permis de citer encore le témoignage d'un
autre témoin oculaire de ce même fait, Mme Léonide Faillard,
femme du sacristain de Boulleret, et très vénérée dans la paroisse pour sa piété. Voici comment elle s'exprime dans une
lettre que nous avons sous les yeux :

« Le 16 juillet, Joséphine était à la messe. Nous étions sept
autour d'elle. Au premier Evangile, nous étions toutes debout;

elle tenait son chapelet à la main ; elle jette un cri ; elle a été renversée en arrière. Nous ne pensions pas qu'elle eût reçu une blessure ; nous voulions la rassurer ; mais elle nous dit : « Je vais mourir, je perds tout mon sang. » Nous regardons sa poitrine, et, en effet, le sang coulait en abondance de cette blessure. Tous ses vêtements étaient percés. Nous avons été mouiller un mouchoir dans l'eau bénite, pour le lui poser sur la poitrine, mais le sang ne s'arrêtait pas. On a été obligé d'aller chez elle pour chercher de l'eau de Lourdes. Aussitôt qu'il y a eu de cette eau miraculeuse, le sang s'est arrêté, et elle a fait la sainte communion.

» Léonide FAILLARD.»

Ecoutons encore un autre témoin oculaire, M. Basile Charpignon, l'oncle de la voyante. Voici dans quels termes il parlait de ce fait dans une lettre qu'il écrivit à son neveu à Bourges, le 18 juillet :

« MON CHER NEVEU,

» Ta pauvre sœur a été blessée samedi, pendant la messe, au sein gauche. Elle a été toute en sang. L'arme avait tout traversé. Mais elle ne s'est couchée que le soir. A trois heures du soir, Joséphine a reçu un second coup de poignard dans la même blessure, et le poignard est resté dans la plaie. Joséphine voulait le retirer avec sa main, mais il a disparu. Elle a perdu beaucoup de sang.

» Mme Lherbé a emporté la chemise et les linges ensanglantés pour les faire voir à quelques personnes. Le soir, on a dû encore changer la chemise de Joséphine, car elle était toute pleine de sang. Le lendemain, la plaie s'est remise à saigner, et le soir, le médecin est venu et il a arrêté le sang. Il a constaté que c'était une blessure faite par un instrument tranchant, dont la lame, disait-il, avait été trempée dans l'enfer.

Cette blessure a trois centimètres de large. Il ne faut pas t'effrayer pour cela, Tu sais que la Sainte Vierge est toujours auprès de Joséphine pour la soulager. Si tu avais vu hier sa figure, comme elle était rose ! On n'aurait pas dit qu'elle avait perdu tant de sang. Elle a vu le démon jeudi soir, sous la forme d'un gros chat noir, et il lui a dit qu'elle ferait beaucoup mieux d'aller voir la fête que d'aller prier au Jarrier. Tu sais quelle fête, jeudi dernier ! (C'était la fête du 14 juillet.)

» Ton oncle qui t'embrasse de cœur,

» Basile CHARPIGNON. »

Aux témoignages qu'on vient de lire, nous ajouterons que nous avons vu nous-même, chez Mme Lherbé, à Cosne, cette chemise ensanglantée avec les autres linges qu'a traversés l'arme de Satan. Les trous qui se voient sur ces linges ont bien trois centimètres de large. Il nous semblait avoir sous les yeux les vêtements de la victime d'un meurtre, que l'on aurait trouvé baignée dans son sang.

C'est bien un meurtre, en effet, qui fut commis, le 16 juillet 1881, par celui dont il est écrit qu'il est homicide dès le commencement : *ille homicida erat ab initio* (Joan., 8.44). Mais heureusement la victime de cette tentative de meurtre vit encore, parce que la Sainte Vierge la protège.

Cependant la nouvelle d'une tentative d'assassinat si extraordinaire se répandit bien vite au loin et parvint jusqu'aux oreilles de MM. les Juges du tribunal de Sancerre. Aussitôt le parquet s'émeut; la justice est sur pied. Elle va informer. Mais, chose étrange, si l'on se sentait quelque indignation à ce sujet, ce n'était pas contre le meurtrier, mais contre la victime. On accusait Joséphine de troubler le repos public, et de faire courir le monde après elle en se faisant elle-même des blessures qu'elle attribuait au démon. Quelle superstition !

C'était bon au moyen âge ; mais en plein xixe siècle, comment les prêtres pourraient-ils faire croire une pareille absurdité ? Heureusement on était éclairé, et l'on saurait faire bonne justice de la supercherie de cette prétendue voyante de Boulleret. Il fut donc décidé en haut lieu qu'on ferait une enquête judiciaire pour obtenir la lumière sur ces faits ; et dès le lendemain, deux gendarmes fûrent envoyés de Sancerre à Boulleret, pour essayer de saisir l'auteur du coup de poignard.

Le surlendemain, 18 juillet, arrivèrent à Boulleret M. le Juge de paix de Léré, accompagné de son greffier, et de M. Ravier, médecin. Ces trois Messieurs, accompagnés du Maire de Boulleret, se rendirent chez Joséphine et lui firent subir un interrogatoire minutieux, auquel elle répondit sans le moindre trouble, ni la moindre hésitation. En voici un incident :

Le Juge de paix à Joséphine. — Que pensez-vous de ce fait et de tant d'autres faits extraordinaires qui se produisent en vous ?

Joséphine. — Monsieur, suis-je obligée de vous répondre ?

Le Juge de paix. — Non.

Joséphine. — Eh bien ! je garde le silence.

Le Juge de paix. — Je le regrette, parce que je vous aurais dit ce que j'en pense.

Joséphine. — Je n'ai point de motif de connaître votre appréciation.

Le Juge de paix à son greffier. — Et vous, Monsieur le greffier, que pensez-vous de tout cela ?

Le Greffier. — J'ai de la religion, je crois à tout ce qu'elle m'enseigne ; mais je ne savais pas que le démon pût apparaître sous une forme humaine et blesser si grièvement une femme inoffensive, et cela dans l'église !

Le Juge de paix. — Eh bien ! moi je vous dis que nous sommes en face d'une habile magicienne.

Après une telle parole du juge de paix, il n'y a plus qu'à tirer l'échelle. Joséphine est une habile magicienne ; elle sait très bien, au moyen de son art magique, tirer parti des forces mystérieuses de la nature : voilà tout. Mais pour du surnaturel, soit divin, soit diabolique, il n'y en a point, vu que le surnaturel est impossible ; ainsi l'a déclaré la prétendue science du xixᵉ siècle. Quant au démon, il n'existe point ; ce n'est qu'un mot vide de sens. Telle était la conclusion implicitement renfermée dans cette parole du juge de paix : « Joséphine est une habile magicienne.»

Le démon assurément dut être bien satisfait de cette conclusion judiciaire, et il en profita pour porter de nouveaux coups à sa victime. En effet, le surlendemain, 20 juillet, il lui fit avec son poignard une sixième blessure au sein droit ; et le 25 juillet, une septième blessure au-dessus du sein gauche.

Ici, donnons la parole à Joséphine elle-même. Elle est après tout le meilleur témoin dans tous ces faits extraordinaires. Voici en quels termes elle parle de ses trois dernières blessures dans une lettre qu'elle écrivit, le 3 août, à son frère à Bourges :

« Boulleret, le 3 août 1881.

» Mon cher frère,

» Le 16 juillet, j'ai reçu une blessure à l'église. Le 17 au matin, un gendarme est arrivé. Le 18, le juge de paix, le greffier, le médecin Ravier et le Maire sont venus faire une enquête. Mais, malgré leurs objections, ils n'ont pas empêché le démon de me faire, le 20, dans le sein droit, une autre blessure de 38 millimètres de largeur et de 15 millimètres de profondeur, sous les yeux de Louise Gatignon, qui était occupée à me visiter la plaie que j'avais reçue le 16. Le 25, la femme

Rabbin, notre voisine, est venue me voir. En entrant, elle me demande à voir mes blessures. Je les lui ai fait voir. En les voyant, elle me dit : « Je ne voudrais pas me trouver ici lorsque tu les reçois. J'aurais trop peur. » A peine avait-elle dit ces paroles, que j'ai reçu, dans le sein gauche, une autre blessure qui m'a laissé une vive douleur dans le sein et dans l'épaule, malgré que le médecin Ravier dise que ce n'est rien. Il y a assez de témoins qui les ont vues et mesurées. Du reste, celle que j'ai reçu le 25 n'est pas encore fermée. Elle a encore plus de 12 milimètres de profondeur ; et lorsque je l'ai reçue, elle en avait plus de 15. Le médecin Ravier n'a vu que celle que j'ai reçue le 16 juillet, qui avait 3 centimètres de largeur, et 12 millimètres de profondeur. Il a sondé la plaie, mais il ne l'a pas mesurée. Il a fait mettre sur l'enquête faite par le Juge de paix, sept millimètres ; et lorsqu'il a été parti, nous l'avons sondée avec plusieurs personnes, et nous avons trouvé qu'elle avait plus d'un centimètre de profondeur.

» Après que j'ai eu reçu ma dernière blessure, le démon m'est apparu, et voici ce qu'il m'a dit : « Tu as eu le courage de ne pas me céder, mais moi, je suis forcé de te céder. Je n'ai plus le pouvoir de te blesser ; mais tu te souviendras de cette dernière blessure. Je te persécuterai maintenant d'une autre manière, qui te sera encore plus désagréable et plus humiliante : je t'emporterai toute nue dans la rue.»

» Mais comme je sais que ses paroles ne sont que mensonge, je ne m'y arrête pas. Je suis toujours très faible et très souffrante, et dans l'impossibilité de me tenir levée, Je fais ce griffonnage sur mon lit.

» Adieu, mon cher frère, etc.

» Joséphine REVERDY.»

Il est une chose bien digne de remarque. La Sainte Vierge apparaît à Joséphine sous la figure de Notre-Dame-des-Sept-

Douleurs, avec un cœur transpercé de sept flèches. Ainsi elle vomira le sang tous les jours de sa vie plus ou moins souvent, mais jamais moins de sept fois par jour, pour figurer les sept flèches ou plutôt les sept douleurs du Cœur très pur de Marie. Pour la même raison, si le nombre de crises de vomissements dépasse sept, il augmentera toujours par septaine. Elle représentera ainsi, tous les jours, par ses souffrances, la récitation au moins partielle du chapelet de Notre-Dame-des-Sept-Douleurs, que sa bonne Mère lui a recommandée. Ce chapelet se compose de sept septaines d'*Ave Maria*. Voilà pourquoi les jours où elle a le plus grand nombre de crises, elle n'a jamais dépassé le nombre de 49. Ces jours-là, elle avait figuré le chapelet tout entier.

Mais pour que Joséphine ait encore une plus grande conformité avec Notre-Dame-des-Sept-Douleurs, elle devra recevoir, dans sa poitrine, c'est-à-dire dans la région de son cœur, sept graves blessures, non de la main des hommes, mais de la part du démon, pour signifier ainsi que c'est le péché qui a enfoncé dans le cœur de Marie les sept glaives de la douleur. Et nous voyons, en effet, que Joséphine a été frappée sept fois du glaive du démon et en a reçu, ni plus ni moins sept blessures, qui toutes ont jeté des flots de sang. Elle fut frappée, la première fois, le 28 avril, à sept heures du matin, et le démon lui fit deux blessures. Le soir de ce même jour, le démon la frappa une seconde fois et lui fit une troisième blessure.

Le 30 avril, il la frappa une troisième fois et lui fit une quatrième blessure.

Le 16 juillet, le démon la frappe une quatrième fois et lui[i] fait une cinquième blessure. Le soir de ce même jour, il la frappe une cinquième fois, mais ne lui fait pas de nouvelle blessure, puisqu'il enfonce son glaive dans la plaie du matin.

Le 20 juillet, le démon frappe Joséphine nne sixième fois et lui fait une sixième blessure.

Enfin, le 25 juillet, il la frappe une septième fois et lui fait une septième et dernière blessure.

Après cette septième blessure, le démon perd le pouvoir de lui en faire d'autres, et il est contraint de s'avouer vaincu par sa victime, quoiqu'il en coûte sans doute beaucoup à son orgueil. Il apparaît à Joséphine et lui dit : « Tu as eu le courage de ne pas me céder, mais moi je suis forcé de te céder. Je n'ai plus le pouvoir de te blesser. » Et depuis lors, en effet, le démon ne l'a plus blessée.

Mais, ajoute le démon, je te persécuterai maintenant d'une autre manière qui te sera plus humiliante : je t'emporterai toute nue dans la rue. Il ne tardera pas à accomplir cette menace.

Dans la dernière apparition, la Sainte Vierge disait à Joséphine : *Défie-toi du démon*; *il t'apparaîtra sous différentes formes*. Il n'y manqua pas. Le 5 août, il se met à la tourmenter d'une telle manière, qu'il fallait quatre hommes vigoureux pour la retenir dans son lit; elle était soulevée par une main invisible. Le démon voulait absolument l'emporter toute nue, comme il l'en avait menacée.

Voici comment s'exprime, à ce sujet, un témoin oculaire, Mme Léonide Faillard : « Le 5 août on me dit que Joséphine était dans un tel état que personne ne pouvait la tenir. J'y suis allée et, en effet, il y avait trois hommes pour la tenir, et ils avaient beaucoup de peine à l'arrêter. Elle était transportée comme par une main invisible que la force de ces trois hommes ne pouvait maîtriser. On alla chercher M. le Curé. En arrivant, M. le Curé fit mettre tout le monde à genoux et récita les prières de l'Eglise. Il jeta de l'eau bénite sur Joséphine et aussitôt elle resta comme une personne morte; elle n'avait pas même la force de parler. »

Cette lutte, pour ainsi dire, corps à corps avec le démon,

✽✽✽

avait duré trois heures, depuis quatre heures du soir jusqu'à
sept heures. Pendant la nuit, l'esprit de ténèbres revint pour
effrayer Joséphine en lui apparaissant sous les formes les plus
horribles. Sept ou huit personnes veillaient continuellement
auprès d'elle et la gardaient à vue, de peur que le démon ne
l'emportât. Il apparut à Joséphine tantôt sous la forme d'ours,
tantôt sous la forme de bouc, tantôt sous la forme d'un énorme
chat noir. Mais Joséphine ne s'en effrayait pas beaucoup,
parce qu'elle se sentait sous la protection de sa bonne Mère
du ciel. Sur le matin, l'esprit de ténèbres voulut tenter un
dernier effort pour l'effrayer. Il lui apparut sous la forme d'un
énorme crocodile ou de lézard gigantesque, qui se dressait
aux pieds de son lit. Ses pattes de derrière appuyaient sur le
sol, et sa tête touchait au plafond. Il avait une queue gigantesque et plusieurs énormes cornes à la tête ; il la regardait
avec des yeux flamboyants. En même temps, Joséphine voyait
qu'il tenait dans sa griffe une énorme pierre, dont il la mena-
çait. Tout à coup, le monstre infernal lui lance cette pierre
dont il lui semblait qu'elle allait être écrasée. Mais, par un
effet de la protection divine, il ne put l'atteindre. La pierre,
avec un bruit épouvantable, qui fit croire à tout le monde que
la maison croulait, alla frappa le mur à côté du chevet du lit
de la malade, et tomba aux pieds des assistants stupéfaits. On
ramassa cette pierre ; elle pesait plus de 500 grammes : on la
garde comme souvenir. Le coup avait été si violent que la
pierre, en tombant, imprima dans le mur une trace profonde
que l'on montre encore.

Du reste, pendant le mois de juillet, un fait à peu près semblable s'était produit dans cette même chambre. Plusieurs personnes avaient vu une énorme pierre tomber tout à coup du
plafond sur le plancher avec un fracas tel que l'on croyait que
la maison allait crouler.

Durant la matinée du 6 août, le démon apparut encore à Joséphine sous une forme hideuse, prit une barre de fer qui se trouvait dans la cheminée et la lança contre la malade, par dessus la tête d'une bonne femme qu'on appelle la mère Marie. La barre de fer tomba près de la tête de la malade sans la toucher ; mais le démon, furieux, sans doute, de voir le dévouement digne de tout éloge que la mère Marie témoigne à Joséphine, lui paralysa la langue. A peine la barre de fer avait-elle été lancée, que la pauvre femme ne pouvait plus s'exprimer d'une manière intelligible. Elle ne faisait que bégayer comme les petits enfants, ce qui prêtait un peu à rire aux assistants. Mais la mère Marie n'en riait pas, elle ; car elle craignait de ne pouvoir plus parler. Pourtant cette espèce de paralysie de sa langue ne dura que vingt-quatre heures.

Il restait encore un peu de temps au démon pour tourmenter Joséphine, et il voulut en profiter pour réaliser la menace qu'il lui avait faite de l'emporter toute nue dans la rue. Ce fut dans la soirée de ce jour, 6 août, que, la trouvant enfin seule pendant un court moment, il réalisa son infernal dessein. Ici, laissons la parole à Mme Reverdy, la mère de la voyante, femme admirable par sa foi et par sa piété. Voici comment elle raconte ce fait dans une lettre qu'elle écrivait le surlendemain même à son fils et à sa belle-fille à Bourges :

« Boulleret, le 7 août 1881.

» Mes chers enfants,

» Notre pauvre petite Joséphine a été bien tourmentée par le démon. Il lui avait bien dit la vérité : elle n'a pas reçu d'autres blessures depuis le 25 juillet ; mais il voulait l'emporter. Vendredi, il fallait quatre hommes pour la retenir. M. le Curé est venu ; il a fait les prières qu'il fait dans ces circonstances, et aussitôt elle est devenue calme. Le lendemain, qui était hier, à six heures du soir, j'étais dans sa chambre. Elle me pria de fermer ses rideaux, parce qu'elle avait besoin de se reposer. Je suis restée dans sa chambre. Tout à coup, cette pauvre malheureuse est sortie de son lit comme un oiseau, et elle est partie dans la rue, en chemise. Son mari, qui l'a vue passer, s'est mis aussitôt à courir après elle pour l'arrêter; mais elle paraissait glisser sur le sol plutôt que marcher, et elle allait si vite qu'il n'a pu l'atteindre qu'au dessus de la croix du jardin de Marie. Son mari la prend dans ses bras et la reporte à la maison. Il eut d'abord beaucoup de peine à entrer, car elle s'accrochait à la porte avec ses mains et ses pieds comme un chat. La pauvre enfant n'avait rien d'humain dans sa figure, ni dans son regard. Elle était comme un démon; Louis, cependant, parvint dans sa chambre avec sa femme sur les bras; mais voilà qu'au moment où il allait la mettre sur le lit, il se sent repoussé par une force invincible, avec son fardeau sur les bras, jusqu'au milieu de la chambre. Enfin, il revient; il dépose Joséphine pour la seconde fois sur le lit; mais au même instant, il voit tout le haut du lit en feu. Heureusement, j'étais là présente; nous appelons du secours, et nous parvenons à éteindre le feu. La toile du baldaquin et tout le haut des rideaux étaient déjà brûlés. Le bois même du baldaquin se trouva calciné.

» Mais tout cela ne fait pas autant de peine à Joséphine que de se voir emportée toute nue par ce monstre infernal. Elle a bien pleuré, elle disait qu'elle ne voulait plus sortir.

» Marie REVERDY. »

Joséphine, parlant plus tard de ce fait, donnait les détails suivants : « Affaiblie que j'étais par les crises de la veille, j'étais presque assoupie quand tout à coup, comme si j'eusse été dans un rêve, je me suis sentie enlevée et transportée par un être très hideux. Alors j'ai perdu connaissance et je ne sais plus ce qui s'est passé ni où j'ai été emportée. Je me souviens seulement que je sentais toujours, autour de moi, cet être hideux qui cherchait à me pousser et à m'arracher des mains de ceux qui m'entouraient. »

Cet esprit malin qui tourmentait ainsi Joséphine, savait aussi mettre la note comique dans cette lugubre tragédie. Ce fut sans doute, pour manifester son mécontentement à Louis, le mari de Josephine, de ce qu'il ne lui avait pas permis d'emporter sa femme au loin dans le bourg, que quelque heures après, au moment où tout était calme dans la chambre, il fit tomber du plafond sur sa tête une pluie d'allumettes chimiques. Mais elles n'étaient pas allumées. Tant il est vrai que malgré sa rage, il ne peut faire que ce que le bon Dieu lui permet. Il peut mettre le feu au lit, et il ne peut pas allumer une allumette chimique.

Enfin, le lendemain 7 août, la Sainte Vierge voulut consoler Joséphine en la favorisant d'une nouvelle apparition, qui est la plus admirable de toutes celles qu'elle a eues jusqu'ici, comme nous allons le voir.

CHAPITRE XV.

24e Apparition (le 7 Août 1881).

Le dimanche 7 août, vers les quatre heures du soir, un grand nombre de personnes vinrent voir Joséphine pour la consoler. Elle leur disait : « Il m'avait été annoncé dans une apparition quelque chose qui devrait arriver, car je n'ai jamais été aussi peinée qu'aujourd'hui. » Elle n'avait pas achevé ces paroles qu'elle jette un cri. On croit que c'est encore le démon qui se présente, on s'empresse autour d'elle, on jette de l'eau bénite. Mais elle fait signe que ce n'est pas ce que l'on croit. Elle tombe en extase : c'est une apparition.

Le démon apparaît sous la forme d'une ange noir. Au dessus de l'ange noir, se forme un nuage blanc au milieu duquel apparaît un ange blanc, ayant à la main droite une oriflamme blanche sur laquelle la voyante lit cette inscription en lettres d'or : *Tu triompheras de l'œuvre du démon ;* sur la poitrine un écusson bleu avec cette inscription en lettres d'or : *S. Michel, archange* ; sur sa tête un diadème d'or. A côté de l'Archange apparaît la Sainte Vierge vêtue de blanc, ayant à sa droite un drapeau blanc, dans sa main droite un diadème composé de lis et de fleurs blanches ; dans sa main gauche une couronne de roses blanches ; sur sa tête une couronne de lis blancs. Elle souriait. Elle dit :

« Ma chère fille, courage et confiance ! Nous venons de la
» part de Dieu le Père, de Dieu le Fils, et de Dieu le Saint
» Esprit, te délivrer et tous ceux qui t'entourent des grandes
» et si cruelles persécutions de l'ange rebelle, que Dieu ne
» veut pas lui permettre plus longtemps. Mais cependant tu
» peux t'attendre encore à éprouver de sa part, de temps à
» autre, de grandes tentations, des tourments et des persécu-
» tions, le reste de tes jours, mais supportables et résistibles. »

Le démon disparaît s'enfonçant dans les abîmes, et l'archange S. Michel s'éloigne en montant au ciel. La Sainte Vierge continue :

« Mon enfant, voudrais-tu, après tant de souffrances, per-
» dre ta récompense ? Comment veux-tu qu'une pauvre créa-
» ture ne soit pas traitée de mille choses indignes, tandis que

» Dieu, créateur de toutes choses, a souffert plus que tous les
» martyrs réunis ensemble, traité comme le dernier des scélé-
» rats et comparé à eux ? Je te le répète, Dieu t'a prédestinée à la
» souffrance. Il te fait victime de cette paroisse pour la conver-
» sion des pécheurs. On n'est véritablement victime que par le
» creuset de la souffrance et de la persécution. Foule aux pieds
» tous les mépris, les calomnies de tes persécuteurs. Ils auront
» beau dire et faire, la vérité se découvrira quand même.
» Laisse les esprits ténébreux s'agiter et se révolter contre
» toi. Ne crains et ne t'attriste pas de leurs faux jugements.
» Cela ne décide rien de ton éternité. C'est Dieu qui te jugera
» et te récompensera si tu persévères à marcher dans le sentier
» tortueux et épineux qu'il t'a tracé. Mais les hommes n'y
» peuvent rien. Il est vrai que tu es dans de grandes souf-
» frances physiques et morales, que tu as besoin d'un grand
» soulagement dans ta fatigue et ton accablement si doulou-
» reux, dans ta cruelle angoisse et ta mélancolie. Il n'y a que
» Dieu qui peut te donner un remède qui produira effet sur
» toi dans ce genre de maladie. »

» Preuve que tu n'es pas abandonnée de la Providence, tu
» seras préservée de ton vomissement à partir de ce jour jus-
» qu'à la terminaison de l'octave de mon Assomption, à con-
» dition que tu emploieras ce temps à bien prier et à assister au
» saint sacrifice de la messe autant que tu le pourras, afin
» de réparer les fautes que tu as commises dans tes moments
» de désespoir, de manquer de confiance et d'abandon à la
» sainte volonté de Dieu. »

La Sainte Vierge s'arrête et elle reprend :

« Il est inutile que je te répète toujours la même chose. Par
» conséquent, je t'oblige à réfléchir et à méditer tout ce que
» je t'ai prédit, et tu comprendras et verras que tout ce qui se
» passe est tout simplement la réalisation de tes révélations,

» Résigne-toi, soumets-toi et conforme-toi à la volonté de Dieu
» comme a fait ta divine Mère, durant son séjour sur la terre,
» et comme elle fait au ciel auprès de Dieu le Père et de
» Dieu le Fils. »

A ce moment, les couronnes que la Sainte Vierge tenait
dans ses mains et sur sa tête ont disparu. Il apparaît sur sa
poitrine un cœur transpercé de sept glaives et tout embrasé
de flammes; autour du corps, une ceinture noire; dans son
bras gauche, des couronnes de roses entrelacées de feuilles
vertes; à sa gauche, une grande croix de bois se tenant debout;
et différentes armes de guerre au pied; sur un croisillon, un
linceul ensanglanté; et sur l'autre, un voile noir. Elle pleurait;
elle dit :

« Quelle affliction, quelle désolation pour une tendre Mère et
» un Fils qui a répandu son sang pour le salut du monde en-
» tier ! Dieu a envoyé des avertissements à ses enfants. Au lieu
» de s'y soumettre, de se prosterner et implorer grâce et misé-
» ricorde, ils s'acharnent et se révoltent avec une barbarie et
» une atrocité sans bornes. »

La Sainte Vierge lève les yeux au ciel:
« Pauvre France ! pauvre Eglise ! pauvre clergé ! pauvres
» religieux, religieuses et laïques ! Le temps et le jour déplo-
» rables avancent à grands pas sur vos têtes ! »

Elle lève les yeux et les bras au ciel:
« Malheur aux prêtres, religieux, religieuses et laïques qui
» n'auront pas profité des avertissements ! »

Elle baisse les yeux et les bras, et fixe les assistants :
« Mes chers enfants, il est temps que vous vous prépariez à
« la pénitence, car les prières ferventes des âmes pieuses ne
» peuvent plus suffire pour m'aider à retenir le bras cour-
» roucé de mon divin Fils. Je suis forcée de lui laisser exécuter
» son fatal dessein sur une grande partie de l'univers, car il

» est irrité au dernier point. (Ici vient un grave secret de
» quelques lignes. La prudence nous oblige à le taire). Oui, il
» ne veut plus que de véritables et dignes religieux dans les
» couvents, et ministres dans son Eglise. Le temps de l'abomi-
» nation de la désolation et ténébreux est proche. Lorsque
» vous serez sous le poids dangereux du massacre, ne vous
» enfuyez pas ailleurs, afin d'être épargnés. Cela sera inutile.
» Ne vous désespérez pas de manière à perdre confiance et la
» grâce de Dieu. Abandonnez-vous entièrement entre ses
» mains puissantes. Restez en famille, et priez paisiblement en
» commun dans vos foyers. Dieu vous protègera et vous pré-
» servera à sa volonté ! »

Cette apparition dura environ dix minutes. Inutile de dire
que Joséphine, comme la Sainte Vierge le lui avait prédit, fut
préservée de son vomissement pendant quinze jours, depuis
le 7 août jusqu'à la *terminaison* de l'octave de l'Assomption,

Nous avons vu jusqu'ici que toutes les prédictions qu'a faites
le Sainte Vierge à Joséphine se sont accomplies à la lettre.
Hélas ! nous pouvons donc être sûrs que celles qui sont con-
tenues dans cette dernière apparition s'accompliront aussi ri-
goureusement.

Depuis le 7 août 1881 jusqu'à ce jour, 1er janvier 1883, Joséphine n'a pas eu de nouvelle apparition ; mais elle continue
sa vie de victime choisie pour l'expiation des péchés de la
paroisse et de la France entière, et pour la conversion des pécheurs. Elle vomit le sang tous les jours, conformément aux
prédictions de la Sainte Vierge, et elle ne prend pas de nourriture. Sa faiblesse extrême ne lui permettant pas de se tenir
debout, elle n'a pas quitté le lit depuis près d'un an. Sa voix
est presque éteinte, et c'est à peine si elle peut se faire entendre. Néanmoins, on voit toujours sur ses lèvres le sourire de
la résignation.

Nous avons dit, dans le courant de cette histoire, que si la Sainte Vierge a daigné choisir, à Boulleret, une femme mariée, c'était, selon nous, pour réhabiliter le mariage chrétien et montrer aux époux un modèle dans le parfait accomplissement de leurs devoirs. Aussi, nous n'en doutons pas, on nous saura gré de dire que Joséphine, dans le courant du mois de juillet 1882, est devenue mère pour la troisième fois. Elle a mis au monde une troisième petite fille. Chose bien extraordinaire et qui étonne tous les médecins, malgré son abstinence et ses vomissements de sang quotidiens, elle allaite elle-même son enfant, qui jouit d'une florissante santé. Laissons ici la parole à Mme Lherbé, que nous avons déjà citée plusieurs fois. Voici ce qu'elle nous écrit sous la date du 7 décembre 1882 :

« Je suis près de Joséphine, et cette chère enfant me prie de vous répondre pour elle, car sa grande faiblesse ne lui permet pas du tout d'écrire. Elle est alitée depuis la naissance de sa petite fille, c'est-à-dire depuis cinq mois. Sa parole est toujours basse, ce qui la fatigue doublement. Ses vomissements sont toujours comme par le passé : le plus souvent, ce n'est que du sang pur. Depuis la naissance de la petite fille, elle a eu parfois jusqu'à 28 et 35 vomissements de sang par jour. Pour la nourriture, c'est également la même chose. Elle a mangé deux fois depuis cinq mois, car elle n'a pu communier que deux fois. Elle nourrit son enfant à son sein, sans que l'enfant prenne d'autre nourriture, et cette petite est superbe. Elle pousse comme un petit champignon, sans s'apercevoir que sa mère ne prend aucune nourriture.

» Agréez, etc.

» Femme Lherbé.»

CONCLUSION.

O Marie, ma bonne Mère, vous m'avez choisi, quoique indigne, pour écrire l'histoire de vos Apparitions à Boulleret. C'est à quoi je me suis appliqué selon la mesure de mes forces, sous la protection et l'inspiration de S. Joseph, votre virginal époux. Et maintenant, je suis heureux de vous offrir mon petit travail , ô Notre-Dame-des-Sept-Douleurs ! O Marie immaculée, vous que j'aime comme ma véritable Mère, je vous en supplie, daignez l'accepter et le bénir, afin qu'il contribue à faire reconnaître la vérité de vos Apparitions à Boulleret, et que tous, clergé et fidèles, nous puissions profiter de vos maternels avertissements.

TABLE.

FIN.

266

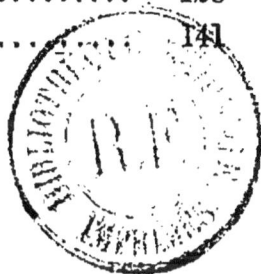

www.ingramcontent.com/pod-product-compliance
Lightning Source LLC
Chambersburg PA
CBHW072108090426
42739CB00012B/2887